Dorothea Speyer-Heise
Der Spiegel mit den blinden Flecken

Dorothea Speyer-Heise

Der Spiegel mit den blinden Flecken

Alle Rechte vorbehalten

Dieses Werk, einschließlich aller seiner Teile, ist urheberrechtlich geschützt. Jede Verwertung außerhalb der engen Grenzen des Urheberrechtsgesetzes ist ohne Zustimmung des Verlages unzulässig und strafbar. Das gilt insbesondere für Vervielfältigungen, Übersetzungen, Mikroverfilmungen, Verfilmungen und die Einspeicherung und Verarbeitung auf DVDs, CD-ROMs, CDs, Videos, in weiteren elektronischen Systemen sowie für Internet-Plattformen.

© Buchhandlung Grimpe GmbH, Northeim 2015
Wieterstraße 19
37154 Northeim
Lektorat: Lex Lingua GmbH, Berlin
Umschlag: Citylights Werbung&Medien, Northeim
Layout: Jasmin Plawicki
Druck und Bindung: docupoint GmbH • Barleben

ISBN 978-3-943465-04-4

Prolog

Oktober 1978

Mit zitternden Knien verließ Elisabeth das Krankenhaus. Vor wenigen Stunden war sie Zeugin gewesen, wie ihr Vater nach einem schweren Schlaganfall und tagelanger Bewusstlosigkeit den Weg zurück ins Leben gefunden hatte. Im Augenblick waren ihre Mutter und ihre ältere Schwester Agnes bei ihm.
Sie spürte, wie erschöpft sie war. So viele Stunden hatte sie an seinem Bett verbracht, hatte gehofft und gebangt und sich selbst dabei vergessen. Dabei hätte sie doch dem ungeborenen Kind, das sie in sich trug, mehr Aufmerksamkeit schenken müssen. Aber die Angst um ihn hatte alles andere in den Hintergrund gedrängt.

Es hatte Zeiten gegeben, da hatte sie ihren Vater weit weg gewünscht, so zornig war sie oftmals auf ihn gewesen. Natürlich hatte sie ihm vieles zu verdanken: er hatte ihr ein Studium ermöglicht und war ihr in vielem ein großes Vorbild gewesen. Andererseits hatte sie jahrelang damit gehadert, dass er ihr seine unverarbeiteten Kriegs- und Nachkriegserlebnisse aufgebürdet hatte. Immer wieder hatte er von den Schrecken des Krieges erzählt, und auch Elisabeths Mutter hatte unbewusst die Kinder an den Ängsten teilhaben lassen, die sie während des Krieges ausgestanden hatte. Damit hatten beide, so empfand es Elisabeth noch als Jugendliche, ihre Kindheit vergiftet. Ihr eigenes Kind sollte unbefangener aufwachsen dürfen, so nahm sie es sich vor.

Michael hatte ganz andere Erinnerungen an seine Kindheit: die war offensichtlich ganz unbeschwert gewesen. Seine Eltern hatten wohl nichts Schreckliches im Krieg erlebt, denn über die Jahre im Dritten Reich wurde in seinem Elternhaus niemals gesprochen. Einerseits beneidete Elisabeth ihn darum; andererseits war ihr klar, dass sich ihre Eltern durch ihr Erzählen allmählich selbst von ihren traumatischen Erlebnissen befreien konnten. Während ihrer ersten sechs Lebensjahre hatte sie sehr unter der Härte und Strenge ihres Vaters gelitten. Beides war sicher eine Folge seiner eigenen schweren Jugend während des Dritten Reiches und des Krieges gewesen. Erst viel später hatte sie sich mit ihm aussöhnen können. Jetzt, im Verlauf seiner Erkrankung, hatte sie gespürt, wie sehr sie an ihm hing. Ein Leben ohne ihn – das war unvorstellbar für sie geworden. Heute Abend würde sie Michael, ihren Mann, anrufen und ihm berichten, dass es ihrem Vater besser ging. Und sie würde ihn bitten, sie in den nächsten Tagen abzuholen und sie nach Hamburg in ihr Zuhause zu bringen. Es war an der Zeit, dass sie ihre Arbeit in ihrer gemeinsamen Anwaltskanzlei wieder aufnahm. Und sie wollte sich auf ihr Kind freuen, das im kommenden Jahr zur Welt kommen würde. Sie sah noch das Leuchten in den Augen ihres Vaters vor einer Stunde, als sie ihm davon erzählte, dass er bald Großvater werden würde.

Auch Michaels Eltern sollten endlich von ihrem großen Glück erfahren. Hedwig, seine Mutter, hatte schon mehrfach vorsichtig angedeutet, dass es doch allmählich an der Zeit für Kinder sei. Wenn ihr schon nicht das Glück mehrerer Kinder vergönnt war – Michael war Einzelkind geblieben, und wie Elisabeth manchmal lachend andeutete, entsprechend verwöhnt – wollte sie wenigstens eine ganze Handvoll Enkelkinder haben.

Wenn Hedwig und Herbert nur nicht so weit weg wohnten! Die Reise nach Westberlin war immer verbunden mit der mühsamen Fahrt auf der Transitautobahn und den Kontrollen an der Grenze zur DDR. Elisabeths Eltern lebten zwar auch nicht in Hamburg, aber doch nahe genug, um sie spontan mal für einen Tag besuchen zu können. Und das würden sie umso öfter tun, nahm sich Elisabeth vor, sobald ihr Kind auf der Welt wäre. Es sollte, genauso wie sie früher, auch zu den Großeltern eine enge Beziehung aufbauen. Eine heile Familie, unbelastete familiäre Beziehungen, das alles war doch für die Entwicklung eines Kindes immens wichtig, dachte sie. Sie selbst wollte mit gutem Beispiel vorangehen und ihre kleine Familie mit Liebe zusammenhalten.

Januar 1983

Wie immer in der Woche war Hedwig die erste im Reisebüro Reinicke-Reisen in der Zehlendorfer Clay-Allee. Sie liebte es, eine Stunde vor ihrem Mann Herbert und den anderen Mitarbeitern im Büro zu sein. Als erstes kochte sie sich einen Kaffee. Und während sie ihn trank, nahm sie sich die Post vor, sortierte die ein- und ausgehenden Rechnungen, legte Herbert einen Zettel mit den dringendsten Aufgaben auf dessen Schreibtisch und hielt dann noch ein Schwätzchen mit Frau Hart. Sie war die erste Angestellte, die sie sich geleistet hatten – leisten konnten nach den harten Anfangsjahren. Für einen Augenblick, nachdem sich auch Frau Hart an ihren Schreibtisch gesetzt hatte, gab sich Hedwig ihren Gedanken hin. Wie schwer das doch alles gewesen war zu Beginn. Herberts und ihre Ausbildung zu Reisekaufleuten, dann der Schritt in die Selbständigkeit in den Fünfzigerjahren, der allmähliche Erfolg, als jeder im Urlaub nach Italien fahren wollte – und auch konnte –, Michaels Geburt und dann die Krise durch den Mauerbau...

Sie war so in Gedanken versunken, dass sie gar nicht bemerkt hatte, dass Herbert inzwischen an seinem Schreibtisch Platz genommen hatte. Mein Gott, es war ja gleich zehn. Sie lächelte still vor sich hin. Früher hatte er ihr immer einen Kuss gegeben, wenn er forsch „ihr" (aber doch wohl mehr „sein") Unternehmen betreten hatte. Aber mit der Zeit war es schon viel, wenn er ihr nur zunickte. Dafür verschwendete er seinen Charme an die Kundschaft, vor allem an die weibliche. Nein, sie war nicht eifersüchtig, Herbert ordnete alles dem Geschäft unter. Er war beliebt bei den Zehlendorfern, und auch aus den anderen Bezirken kamen die Kunden gern hierher. Das Geschäft war sein ein und alles. Und meist blieb er auch abends, wenn Hedwig schon auf dem Nachhauseweg war, noch etwas länger im Büro.

Sie warf Herbert einen Blick zu, und er nickte zurück. Dann stand er auf, kam zu ihr an den Schreibtisch und sagte: „Meinst du nicht, wir sollten wieder mal zu unseren Kindern nach Hamburg fahren? Ich hab so Sehnsucht nach unserm Enkelkind", trällerte er ein wenig holprig nach der Melodie von ‚Ich hab so Sehnsucht nach dem Kurfürstendamm'.

Hedwig lachte.

„Fahren Sie nur", rief Frau Hart herüber, „im Januar ist es ja ruhig, das schaff ich auch allein mit den anderen Kollegen."

Pfeifend begab sich Herbert wieder zu seinem Schreibtisch, schaute auf seinen Zettel und begann zu telefonieren. Das tat er dann mindestens eine Stunde lang, bis er Hedwigs Liste abgearbeitet hatte.

Vormittags kamen immer die Stammkunden, da hatte Hedwig genug Zeit, sich über die Zehlendorfer (und manchmal auch die Berliner Neuigkeiten) zu informieren. Das war nicht unbedingt Herberts Leidenschaft.

Es war also ein Tag wie jeder andere.

Das erste, was Hedwig von der Frau wahrnahm, als diese das Reisebüro betrat, war eine Welle von Blond. Und dieses Blond gehörte zu keiner Frau, sondern zu einer Dame. Auch das zögerliche Innehalten, bevor sie entdeckte, was sie suchte, war nicht etwa Unsicherheit, sondern nur eine kurze Registrierung der Situation. Diese Frau, merkte Hedwig, wusste, was sie wollte.

Nachdem die „Dame in Blond", wie sie Hedwig bereits insgeheim genannt hatte, ihr gesuchtes Objekt entdeckt hatte, strebte sie zielgerichtet, vorbei an dem Azubi Fräulein Schneider, die an der Rezeption saß, in Richtung Herberts Schreibtisch. Ehe Fräulein Schneider sie daran hindern konnte, stand sie schon vor Herberts Schreibtisch.

Er war in seine Papiere vertieft und schaute auch nicht auf, als die blonde Dame vor seinem Schreibtisch stehen blieb und etwas sagte. Hedwig kannte Herberts Sturheit. Wenn er nicht wollte, dann wollte er nicht. Er überflog, ohne aufzublicken oder etwas zu sagen, das Schriftstück, das er in Händen hielt, und wies, ohne dabei die Dame anzublicken, auf den Besucherstuhl vor dem Schreibtisch.

Ja, ja, dachte Hedwig, wenn du nicht willst…

Doch dann hörte sie mehr als sie sah, wie Herbert aufsprang, wie sein Stuhl nach hinten kippte und er die Dame nicht etwa nur begrüßte, sondern sogar umarmte. Er redete kurz mit ihr, nahm sie dann am Ellbogen, griff sich seinen Mantel und verließ mit ihr das Reisebüro. Seiner Frau rief er noch zu: „Erklär ich dir alles später".

Frau Hart stand der Mund offen, Fräulein Schneider blickte zu Hedwig und zuckte hilflos mit den Schultern.

Die „Dame in Blond" schwebte in einer Wolke aus Parfüm, das Hedwig entschieden zu aufdringlich fand, Richtung Ausgang. Hedwig blickte zunächst amüsiert, dann ein wenig besorgt Herbert hinterher. Sie kannte die Frau nicht, und sie erkannte auch ihren Mann nicht wieder. Gab es da ein Geheimnis, von dem sie nichts wusste?

Oktober 1984

Draußen lag dichter Nebel auf der Elbe. Nichts Ungewöhnliches für einen Herbsttag in Hamburg. Im Laufe des Vormittags würde sich der Dunst heben und ein blauer Himmel zu einem ausgiebigen Sonntagsspaziergang einladen.
Michael drehte sich auf die rechte Seite und legte vorsichtig einen Arm um Elisabeth. Sie blinzelte und flüsterte im Halbschlaf: „Lass mich noch einen Moment schlafen, ja?" Er schmunzelte. Morgens schnell munter werden, das war nicht ihre Stärke. Im Gegensatz zu ihm: wenn er früh die Augen aufschlug, war er sofort hellwach. Und dabei warf sie ihm manchmal vor, er wäre verträumt. Er streichelte sanft ihre Schulter und freute sich auf den Tag. Ein unbeschwerter Sonntag lag vor ihnen, ohne dienstliche oder private Verpflichtungen. Ihre Anwaltskanzlei wartete erst am nächsten Tag wieder auf sie, und heute lagen auch keinerlei Einladungen ihres umfangreichen Freundeskreises vor. Er blickte zum Fenster und malte sich aus, wie es wäre, wenn Elisabeth bald aufwachen würde. Vielleicht hätten sie noch die Möglichkeit, bevor Miriam, ihre fünfjährige Tochter, im elterlichen Schlafzimmer auftauchen würde...

Aber da hatte er sich getäuscht. Die Tür öffnete sich mit Schwung und Miriam sprang mit einem großen Satz auf sein Bett. „Los, Papa, aufstehen", rief sie und zerrte an seiner

Decke, „du hast mir versprochen, dass wir bald mal wieder zu Hagenbeck gehen."

Er rollte theatralisch mit den Augen und brummte mit tiefer Stimme: „Aber, mein Kind, hier spricht der Zoodirektor, Herr von und zu Hagenbeck. Es ist noch zu früh, die Tiere schlafen noch alle. Und erst recht der Siebenschläfer." Mit seiner normalen Stimme fügte er hinzu: „Und deine Mutter schläft erst recht noch. Guck dir diese Schlafmütze doch mal richtig an."
Miriam robbte hinüber zum Nachbarbett. Sie zupfte ihre Mutter am Ohr und rief: „Schlafmütze, Schlafmütze! Ich darf das sagen; Papa hat es zuerst gesagt."
Elisabeth schlang die Arme um ihre Tochter, steckte ihre Nase in den bunten Pyjama mit rosa Bärchen darauf und sagte lachend: „Wie gut so ein kleines Kind doch riecht, sogar noch morgens früh im Bett. Und unsereins muss erst mal duschen, bevor von Wohlgeruch die Rede sein kann."
„Für mich duftest du immer wunderbar", meinte Michael und gab ihr einen Kuss.
„Und ich kann dich ebenso gut riechen", antwortete sie, „im doppelten Wortsinn. Aber dass es im Tierpark in einigen Gehegen gar nicht gut riecht, sondern sogar stinkt, das ist euch beiden doch wohl klar, oder?"
„Ja, ja, Gestank!", jubelte Miriam. „Ich will zum Stinktier. Und zu den Löwen. Und ich will auf einem Elefanten reiten. Und Eis essen. Und die Affen füttern."
„Das klingt nach einem vollen Tagesprogramm", neckte Michael sie, „da bleibt ja gar keine Zeit mehr fürs Frühstück, für Mittagessen und Sonntagskuchen am Nachmittag."
In diesem Moment klingelte das Telefon. „Wer will denn um diese Uhrzeit schon etwas von uns?", murrte er ärgerlich.
„Lass nur, ich gehe schon", beschwichtigte Elisabeth ihn und schwang ihre Beine aus dem Bett. Nach einigen Minuten kehrte sie mit erschrockenem Gesicht ins Schlafzimmer zurück, wo

Michael und Miriam inzwischen eine Kissenschlacht begonnen hatten, und sagte: „Geh du bitte mal ran. Es ist deine Mutter. Irgendetwas ist mit deinem Vater passiert."
„Na, hat er mal wieder entdeckt, dass eine seiner Mitarbeiterinnen nicht ordentlich abgerechnet hat? Oder hat er gestern zu tief in sein Weinglas geguckt?"
„Nein, es ist wohl schlimmer."

Seufzend machte sich Michael auf den Weg in die Diele, wo das Telefon stand. Elisabeth diskutierte derweil ausgiebig mit Miriam, ob das Wetter heute noch ausreichend warm wäre für das rosa Kleidchen mit den Bambis darauf, ihr Lieblingskleid, oder ob doch allmählich eine lange Hose und ein Pullover angebracht wären. So verständnisvoll hätten meine Eltern mit mir sein sollen, als ich klein war, dachte sie mit einem innerlichen Schmunzeln, da hieß es immer nur: du ziehst an, was wir dir sagen. Und: es wird gegessen, was auf den Tisch kommt. So viel Auswahl und Mitspracherecht, wie unsere Tochter hat, hätte ich mir damals auch gewünscht. Schließlich beugte sich Miriam dem mütterlichen Rat, heute doch lieber das Kleid im Schrank zu lassen, denn ein Ausflug zu Hagenbeck bedeutete ja lange Spaziergänge im Freien.

Elisabeth stand gerade unter der Dusche, als Michael wieder auftauchte. „Du, ich fahre sofort nach Berlin", sagte er atemlos und begann, sich hektisch zu rasieren.
„Erzähl doch erst einmal, was eigentlich los ist", bat Elisabeth, drehte den Wasserhahn zu und begann sich abzutrocknen, „mir hat deine Mutter nur erzählt, dass dein Vater heute Nacht stundenlang durchs Haus gelaufen sei und gar nicht gewusst hätte, wo er war. Und als sie ihn zurück ins Bett befördern wollte, hätte er versucht, sie zu schlagen. Als ob irgendetwas mit seinem Kopf passiert wäre, mit seinem Gedächtnis. Vielleicht ein kleiner Schlaganfall? Oder eine Durchblutungsstörung? Deine

Mutter sollte erst einmal ihren Hausarzt anrufen und ihn um Rat bitten, ehe du dich auf den Weg nach Berlin machst."
„Wenn es nur diese eine Sache heute Nacht gewesen wäre", stöhnte Michael, „ er hat in der letzten Zeit wohl schon öfter ein merkwürdiges Verhalten an den Tag gelegt. Mutter sagt, er sitzt manchmal morgens vor seinem Kaffee und sagt kein Wort. Dann rührt er plötzlich in seiner Tasse herum, mit dem Finger, nicht etwa mit dem Löffel, aber isst und trinkt überhaupt nichts. An anderen Tagen geht er aus dem Haus und läuft den ganzen Vormittag durch den Garten, ohne Jacke, manchmal nur auf Strümpfen. Kannst du dir vorstellen, dass er sogar vergisst, in sein Reisebüro zu gehen und seine Arbeit, sein Lebenswerk, einfach ignoriert?" Michaels Stimme wurde immer lauter. „Ich muss einfach hin, ich kann meine Mutter damit doch nicht alleine lassen. Er muss unbedingt zu einem Spezialisten. Mit ihrem Hausarzt hat sie vorgestern schon gesprochen. Er hat wohl angedeutet, dass es sich um so etwas wie eine verfrühte Senilität handeln könnte."
„Aber wie willst du das machen, du hast morgen Termine!"
„Sag sie ab für mich, bitte, oder versuche, ein paar meiner Mandanten zu übernehmen." Elisabeth seufzte. Sie hatten beide eine gut gehende Anwaltskanzlei für Familienrecht; keiner ihrer Mandanten würde sich erfreut zeigen, wenn Dr. Michael Reinicke Termine, die seit langem feststanden, kurzfristig absagte.
Michael duschte in Windeseile, packte blitzschnell eine Reisetasche mit dem Notwendigsten, schlang schnell ein Frühstück hinunter und war schon auf dem Weg in die Garage. Miriam hatte diese Hektik mit Erstaunen verfolgt. Schließlich wurde ihr bewusst, dass ihr Papa heute wohl doch nicht mit ihr in den Zoo fahren würde, und sie erhob lauthals ihre Stimme: „Papa, du hast es aber doch versprochen", sagte sie vorwurfsvoll, „und was man verspricht, das muss man auch halten, habt ihr immer gesagt."

„Ja, mein Lieblingsmädchen, du hast ja recht, aber es gibt Situationen, da ist plötzlich etwas anderes viel wichtiger."
„Und jetzt ist so eine Sution?", fragte Miriam.
„Ja, jetzt ist so eine Si-tu-a-ti-on", erklärte Michael ihr, „jetzt muss ich dringend nach Berlin zu Oma und Opa fahren."
An Elisabeth gewandt, raunte er: „Dieses Kind ist ein Geschenk des Himmels. Die ganze Fahrt über werde ich ihre Stimme im Ohr und ihr Gesicht vor Augen haben, und das wird mir helfen, den Schrecken dieses Morgens leichter zu ertragen."
„Hast du deinen Pass dabei, für die Grenzkontrollen?", fragte sie. Er nickte zerstreut. „Grüß deine Mutter von mir, und bitte, fahr vorsichtig! Und ruf an, wenn du angekommen bist, ja?"
Sie nahm sein Gesicht in beide Hände und küsste ihn zärtlich. Er riss sich ungeduldig los und startete das Auto. Elisabeth sah ihm sorgenvoll hinterher.
Schließlich drehte sie sich zu Miriam um und sagte lächelnd: „Ein Ausflug in den Zoo soll ja auch mit einer Mutter ganz schön sein. Was meinst du, wollen wir in einer Stunde fahren?"
Miriam nickte begeistert. „Aber erst wird anständig gefrühstückt und dann werden noch Zähne geputzt."
„Machst du mir auch Zöpfe, Mami?"
„Natürlich!" Miriams blonde Locken zu manierlichen Zöpfen zu flechten, war nicht einfach, aber schließlich war Elisabeth mit ihrem Werk zufrieden.
„Hebst du mich mal hoch, damit ich mich im Spiegel sehen kann?", bat Miriam, „du weißt doch, Mami, für mich hängt er zu hoch; ich bin noch nicht groß genug dafür."

An der Wand im Schlafzimmer hing ein alter ovaler Spiegel aus Elisabeths Elternhaus. Ihr Vater hatte ihn längst wegwerfen wollen; er war an einigen Stellen blind und fleckig, und das dunkle Holz wies an der Rückseite Löcher von Holzwürmern auf. Aber für sie verbanden sich mit dem Spiegel Erinnerungen an ihre früheste Kindheit, und so hatte sie ihn mit nach Hamburg genommen und vom Holzwurm befreien lassen, genauso wie den alten Wäscheschrank, der ebenfalls aus dunklem Eichenholz war und jetzt im oberen Stockwerk im Flur stand. Die Schranktüren quietschten erbärmlich, aber als sie klein gewesen war, hatte dieses Geräusch in ihren Ohren wie Musik geklungen, manchmal wie ein Gesang. In ihren kindlichen Phantasien war es ihr sogar so vorgekommen, als ob das Quietschen und Knarren der Schranktür die Stimmungen innerhalb der Familie wiedergeben konnte. Und in den alten Spiegel hatte sie damals manchmal hineingeblickt und dabei gehofft, ein anderes Kind würde ihr entgegenblicken: nicht das kleine Lieschen, das oft so traurig war, sondern ein glückliches, unbeschwertes Kind, das reiche, zufriedene Eltern hatte. Miriam gefiel ihr Erscheinungsbild im Spiegel, und sie aß ohne Murren eine große Portion Müsli.

Das Wetter war ideal für einen Spaziergang durch Hagenbecks Tierpark. Aber Elisabeth konnte die Begeisterung ihrer kleinen Tochter über die vielfältige Tierwelt nicht recht teilen. Zu sehr war sie in Gedanken bei ihrem Mann. Wie viel Zeit er wohl heute an den beiden Grenzübergängen zur DDR und nach Westberlin verbringen würde? Ihr erschien das undurchschaubare Prozedere der Grenzkontrollen immer unheimlich. Machtlos war man der Willkür der Grenzbeamten ausgeliefert, ihren Schikanen und ihrer eiskalten „Freundlichkeit". Und wie lange die Fahrt auf der Transitautobahn wohl heute dauern würde? Gerade an Sonntagen war es oft besonders voll.
Am späten Nachmittag – Elisabeth war gerade mit Miriam nach Hause zurückgekehrt – kam endlich der erlösende Anruf von Michael. „Die Fahrt ging ganz glatt heute", berichtete er, „kaum Verkehr, nur gutgelaunte Volkspolizisten am Kontrollpunkt."
„Was ist denn nun mit deinem Vater, erzähl doch endlich!", rief Elisabeth ungeduldig ins Telefon.

„Ja, du wirst es nicht glauben, er ist wie immer. Als ich ins Haus kam, hat er mich erstaunt angeguckt und gefragt, was ich denn hier wolle, es hätte doch niemand Geburtstag. Und ob ich es mir denn erlauben könne, einfach so außer der Reihe Urlaub zu nehmen. Ich solle mir auch nicht einbilden, er hätte Zeit für mich, er müsse morgen wie immer ins Reisebüro. Und dann hat er mich noch ausgiebig nach Miriam gefragt."
„Das verstehe ich nicht", grübelte Elisabeth.
„Ich auch nicht. Und ich habe mich gefragt, ob meine Mutter vielleicht diejenige ist, mit der irgendetwas nicht stimmt. Aber sie behauptet, es wäre alles so gewesen, wie sie es mir heute früh am Telefon geschildert hat. Wie auch immer: morgen komme ich zurück nach Hamburg. Du musst nur meine Termine für den Montag absagen. Am Dienstag bin ich wieder in der Kanzlei."
„Mama, war das Papa?", fragte Miriam, „ist jetzt wieder eine wichtige Sution?"
„Weißt du, der Papa hat sich Sorgen um Oma und Opa in Berlin gemacht. Es sah so aus, als ob der Opa krank wäre, und deshalb ist der Papa zu ihnen gefahren. Wenn du krank wärst, würde er ja auch alles stehen und liegen lassen und sich einen Tag frei nehmen."
„Au ja, dann will ich auch krank sein, damit Papa den ganzen Tag Zeit für mich hat."
„Ach Kind, wünsch dir das lieber nicht. Kranksein ist gar nicht schön. Dann könntest du ja auch nicht in den Kindergarten, und da gehst du doch so gerne hin, oder? Lass uns jetzt lieber den restlichen Sonntag mit etwas Schönem verbringen. Worauf hast du Lust: Mensch-ärgere- dich-nicht spielen oder lieber ein Buch angucken?"
Mit Wehmut erinnerte sich Elisabeth daran, dass beides in ihrem Elternhaus zum Programm der Sonntagnachmittage gehört hatte. So schwierig ihre Kindheit auch gewesen war – der Alptraum des Zweiten Weltkrieges und seiner Folgen hatte da-

mals schwer auf ihrer Familie gelastet –, so harmonisch waren dennoch manche Stunden mit ihren Eltern gewesen. Immer vorausgesetzt, es war den beiden vorübergehend gelungen, ihre Erinnerungen an die Kriegsjahre zu vergessen.
Plötzlich hatte sie Sehnsucht nach den Stimmen ihrer Eltern, und als Miriam am Abend eingeschlafen war, telefonierte sie lange mit den beiden. Sie erzählte von den merkwürdigen Vorkommnissen dieses Tages und ließ sich von ihrer Mutter trösten, die meinte: „Sieh das alles nicht so tragisch. In unserem Alter kann man schon mal ein wenig tüdelig werden. Dein Vater ist seit seinem Schlaganfall vor sechs Jahren ja auch ziemlich vergesslich geworden." Elisabeth lachte. Ja, tüdelig, das war das Wort, das in ihrer Heimatstadt gebraucht wurde, wenn ein älterer Mensch begann, wunderlich zu werden. Und wenn man es besonders liebevoll ausdrücken wollte, dann nannte man einen solchen Menschen „Tünpott".
Immer noch lachend, rief sie anschließend ihre ältere Schwester Agnes an, die in Kiel als Ärztin arbeitete. Sie fragte nach Agnes' Arbeit in der Klinik, neckte sie, weil sie immer noch zögerte, mit ihrem Freund Roland zusammenzuziehen und berichtete ihr von Miriam, deren Patentante Agnes war. Die Geschichte mit ihren Schwiegereltern erschien ihr nicht mehr so dramatisch wie noch vor wenigen Stunden.

„Meine Mutter war ganz empört, als ich ihr vor meiner Abfahrt sagte, sie hätte wohl ziemlich übertrieben, was das Verhalten meines Vaters angeht", berichtete Michael am Montagabend, „sie warf mir vor, ich würde sie nicht ernst nehmen. Und dann habe ich ihr gesagt, dass ich es mir in Zukunft sehr überlegen würde, so Hals über Kopf zu ihnen zu kommen, wenn sich alles als null und nichtig herausstellt. Jetzt ist sie sauer auf mich, und ich auf sie. Zum Schluss rief sie mir noch hinterher, sie hätte sich von meinem Besuch mehr erhofft, aber Unterstützung von mir könne man wohl nicht erwarten, und deshalb

würde sie mir auch keine weiteren Informationen über meinen Vater zukommen lassen. Also wird wohl erst einmal Funkstille zwischen ihr und mir sein. Na ja, das ist mir egal."
„Mh", meinte Elisabeth, „vielleicht sollten wir gerade in nächster Zeit öfter mal hinfahren, um zu schauen, was denn an der ganzen Sache wirklich dran ist."
„Ach nee, lass uns lieber öfter zu deinen Eltern fahren. Die wohnen zum einen nicht so weit weg, und zum andern sind die beiden viel unkomplizierter als meine Eltern."
„Das habe ich bisher genau umgekehrt empfunden, ich fand deine Eltern immer so herrlich entspannt und tolerant und nicht so voller hoher Ansprüche wie meine Eltern."
„Da kannste maa' sehn, keener is' mit dem zufrieden, wasser hat", konterte Michael im besten Berlinerisch.
„Und du, bist du auch nicht zufrieden mit der Ehefrau, die du hast?", neckte ihn Elisabeth.
„Das ist doch etwas ganz anderes, das kann man überhaupt nicht vergleichen." Michael nahm sie in den Arm und beschloss, den Plan, den er am Sonntagmorgen im Bett gehabt hatte, bevor Miriam als störender Wirbelwind dazwischen gekommen war, an diesem Abend zu verwirklichen.

„Und dein Vater war wirklich wie immer?", fragte Elisabeth am nächsten Morgen beim Frühstück.
„Na ja, nicht ganz, ehrlich gesagt. Dauernd hat er irgendetwas gesucht. Seine Brille zum Beispiel. Oder die Zeitung. Und dann hat er meine Mutter beschuldigt, sie hätte beides versteckt. Sie hat ihn angeschnauzt, das würde sie niemals tun; er würde selber alles verstecken, um sie zu ärgern. Schon hatten die zwei den schönsten Streit miteinander. Es war ziemlich anstrengend mit den beiden. Die Brille fand sich dann übrigens im Kühlschrank wieder. Und die Zeitung lag im Vorratskeller."
„Merkwürdig."
„Ja, und noch merkwürdiger war, dass er mich irgendwann

fragte, in welcher Kaserne ich denn meinen Wehrdienst abgeleistet hätte. Er sei ja bei der soundsovielten Panzerdivision gewesen. Meine Güte, er müsste doch wissen, dass ich Kriegsdienstverweigerer bin und Zivildienst geleistet habe. Überhaupt hat er mir ein bisschen zu viel in alten Geschichten geschwelgt."
„Was für alte Geschichten?"
„Na ja, immer kam irgendetwas vom Militär und vom Krieg darin vor. Das war früher nie ein Thema für ihn."
„Und da behauptest du, er sei wie immer gewesen! Wolltest du seine Veränderungen etwa nicht wahrhaben? Waren sie dir lästig oder unheimlich?"
„Du stellst mir vielleicht schwierige Fragen so früh am Morgen."
„Lass uns heute Abend weiter darüber reden", sagte Elisabeth, „ich muss jetzt Miriam in den Kindergarten bringen, und dann wartet die Kanzlei auf uns."

Am Abend kamen jedoch Freunde zum gemeinsamen Doppelkopfspiel, und irgendwann war das Thema wieder vergessen. Nur hin und wieder, wenn Elisabeth nachts nicht einschlafen konnte, drängte sich ihr die Frage auf, was Michael denn wirklich in Berlin mit seinen Eltern erlebt hatte.

November 1984

„Was ist mit deiner Schwiegermutter los?", fragte Elisabeths Mutter telefonisch an einem Dienstag Ende November, „ich habe sie vorhin angerufen, um ihr zum Geburtstag zu gratulieren, und sie kam mir furchtbar aufgeregt vor. Erst sagte sie, sie hätte seit mehreren Nächten nicht mehr geschlafen, dann erzählte sie, Michaels Vater wäre manchmal im Wesen sehr verändert. Ich habe mich gefragt, wer von den beiden wohl mehr durcheinander ist."
Elisabeth erzählte ihr von Michaels Besuch in Berlin im letzten Monat und von ihren eigenen Fragen. „Wir haben sie heute Morgen schon sehr früh angerufen, um ihr zu gratulieren, aber da hat sie nichts Besonderes angedeutet. Sie war natürlich auch in Eile, weil sie ins Geschäft wollte."
„Vielleicht sollte Michael mal versuchen, den Hausarzt seiner Eltern in Berlin zu erreichen. Ich will ja nicht die Pferde scheu machen, aber irgendwie kommt mir manches merkwürdig vor."
„Ja, mir auch."
„Ich habe noch einmal darüber nachgedacht, Lieschen, was du mir vor einigen Wochen über ihn erzählt hast. Und dabei ist mir etwas in den Sinn gekommen, was mir aufgefallen war, als ich ihn das letzte Mal gesehen habe. Das war im Frühjahr, anlässlich Miriams Geburtstag. Damals kam er mir schon ein wenig verändert vor, aber ich hatte es dann schnell wieder vergessen."

„Was meinst du mit verändert?"
„Na ja, wie soll ich es sagen? Er wirkte manchmal merkwürdig zerstreut und dann wieder sehr fahrig. Auch seine Sprache war langsamer als sonst. Hin und wieder hat er nach Worten gesucht, und wenn sie ihm nicht einfielen, hat er das Thema gewechselt. Beim Kaffeetrinken, das sehe ich noch genau vor mir, da hat er auf seinen Kuchenteller gestarrt und lange seine Gabel in der Hand gehalten, ohne zu essen, als ob er nicht wüsste, wofür eine Gabel da ist oder was vor ihm auf dem Teller lag. Ja, und dann hat er deinen Vater plötzlich in ein langes Gespräch verwickelt, wo er denn im Krieg gedient hätte. Ja, er hat wirklich ‚gedient' gesagt. Das Wort Stalingrad fiel auch mehrfach, und dabei kam er mir sehr angespannt vor. Ich habe damals gedacht, er wäre vielleicht nur ein bisschen überarbeitet und habe dem Ganzen nicht viel Bedeutung beigemessen. Aber jetzt im Nachhinein erstaunt mich das alles doch sehr. Waren das vielleicht schon erste Anzeichen einer Erkrankung?"

Am Abend berichtete sie Michael vom Eindruck ihrer Mutter. Der runzelte die Stirn, konnte sich aber auch keinen Reim darauf machen. Schließlich fragte Elisabeth: „Was hältst du davon, wenn wir deine Eltern über die Weihnachtstage zu uns einladen? Dann können wir uns selbst einen Eindruck verschaffen, wie es um die beiden steht."
„Eine gute Idee. Aber rede du bitte mit ihnen darüber; du bist die Diplomatischere von uns beiden."
„Gerne. Aber nimm du bitte Kontakt zu ihrem Hausarzt auf."
Das stellte sich jedoch als schwierig heraus. Er war zurzeit in Urlaub und seine Vertretung wusste von nichts, versprach aber, den Kollegen zu bitten, sich nach seiner Rückkehr zu melden.
Michaels Vater war am Telefon, als Elisabeth in Berlin anrief, um ihre Schwiegereltern zu Weihnachten einzuladen. „Meldet ihr euch auch endlich mal wieder?", fragte er vorwurfsvoll. Sie hatte den Eindruck, dass seine Sprache merkwürdig verzögert

war, als ob er zu viel getrunken hätte. Auf ihre Einladung reagierte er zunächst sehr unwirsch. „Du weißt doch, dass wir im Dezember nicht weg können", brummte er, „so viele Leute wollen dann verreisen. Als ob die Menschen kein romantisches Weihnachtsfest zu Hause mehr ertragen können. Lieber den Heiligen Abend unter Palmen irgendwo im Süden verbringen als in Berlin bei Schnee und Kerzenschein. Ein dummes Volk ist das."
„Aber ihr verdient mit diesem Volk doch ganz gut", wandte Elisabeth ein und lachte freundlich.
„Jetzt komm du mir auch noch komisch!", rief er plötzlich empört aus, „Hedwig geht mir auch den ganzen Tag auf die Nerven, ich soll dies machen, ich soll das tun – allmählich reicht es mir." Es wurde schlagartig still in der Leitung, offensichtlich hatte er aufgelegt.
Elisabeth wählte erneut. Niemand nahm ab. Eine Stunde später versuchte sie es noch einmal, und diesmal erreichte sie Michaels Mutter. „Was hast du mit ihm denn bloß besprochen?", fragte sie mit gehetzter Stimme, „seit deinem Anruf vorhin ist er noch aggressiver als sonst."
„Wir haben nur über Weihnachten geredet", verteidigte sich Elisabeth, „ich wollte ihm doch keine Vorwürfe machen. Ich will euch nur vorschlagen, dass ihr über Weihnachten zu uns kommt und wir die Festtage miteinander verbringen. Ihr habt Miriam schon so lange nicht mehr gesehen. Sie fragt oft nach ihrer Oma und ihrem Opa in Berlin, und wir würden uns alle sehr freuen, wenn ihr kämt."
Wieder war es still in der Leitung, und Elisabeth befürchtete schon, dass auch diesmal das Gespräch abgebrochen worden wäre. Aber dann hörte sie, wie ihre Schwiegermutter mit leise gedehnter Stimme sagte: „Ach, weißt du, ich glaube, Herbert schafft die Reise im Moment gar nicht. Er ist manchmal sehr unsicher, wenn er in eine ungewohnte Umgebung kommt. Ich mag ihn auch gar nicht mehr Auto fahren lassen."

Elisabeth schwieg erschrocken. Dann schlug sie vor: „Kommt doch einfach mit der Bahn. Es wäre so schön, wenn wir alle einmal wieder ein paar Tage zusammen verbringen würden."
„Wir werden es uns überlegen. Aber seid bitte nicht böse, wenn wir absagen", kam die zögerliche Antwort.
Michael wiederholte die Einladung jede Woche aufs Neue, und schließlich willigte seine Mutter ein zu kommen. „Aber erst am 22. Dezember", schränkte sie ein, „wenn der Weihnachtsrummel im Geschäft weitgehend vorbei ist. Und allzu lange werden wir auch nicht bleiben. Ihr holt uns doch bitte vom Hauptbahnhof ab. Für deinen Vater wäre die Fahrt mit der S-Bahn bis zu euch etwas mühsam."
Miriam jubelte bei der Aussicht, ihre Großeltern tagelang in der Nähe zu haben und mit ihnen spielen zu können. Am liebsten hätte sie auch gleich noch die anderen Großeltern dazu eingeladen, aber ihr leuchtete ein, dass für so viele Besucher nicht genug Betten im Haus waren.

Dezember 1984

„Mensch, Mädchen, mach dich doch nicht verrückt!", rief Michael lachend, als Elisabeth wieder einmal mit prall gefüllten Einkaufstaschen ins Haus trat, „ es sind doch nur meine Eltern, die zu Besuch kommen und nicht der Kaiser von China mit seinem ganzen Gefolge."
„Aber man weiß doch nicht im Voraus, worauf man in den Weihnachtsferien Appetit hat", wandte sie ebenfalls lachend ein, „stell dir vor, du möchtest plötzlich ein Schinkenbrot essen, und dann ist nur Mettwurst im Kühlschrank. Oder deine Mutter hat vielleicht Lust, mit Miriam zusammen Weihnachtsplätzchen zu backen, und dann fehlt das Backpulver. Man muss doch für alles gewappnet sein."
„Gewappnet – sagst du. Als ob es sich bei dem Fest um Hauen und Stechen handelt! Und hinterher beklagst du dich, dass du die ganzen Feiertage nur in der Küche gestanden hast und selber keine Erholung hattest. Da soll einer euch Frauen verstehen."
Kopfschüttelnd gab er ihr einen Kuss und nahm ihr einen Einkaufskorb ab. „Was, du hast Schokoladenkringel und Dominosteine gekauft? Ich möchte wetten, meine Mutter bringt auch noch Unmengen von Süßigkeiten mit. Als ob es hier in der Provinz, weitab von Deutschlands ehemals prachtvoller Hauptstadt, nichts Anständiges zu essen gibt."

Mit dieser Vermutung hatte Michael durchaus recht. Seine Eltern reisten mit zwei großen Koffern an. Angeblich waren die erforderlich gewesen, um alle Weihnachtsgeschenke zu verstauen. „Da ist bestimmt ein echtes Pony für dich drin, so wie du es dir immer gewünscht hast", neckte er Miriam, als er das Gepäck aus seinem Wagen hob, „ich hatte eben auf dem Hauptbahnhof schon den Eindruck, aus einem der Koffer ein Wiehern zu hören. Und wenn ich sehe, wie groß deine Augen gerade sind und wie neugierig dein Blick geworden ist, dann könnte ich selber wiehern vor Lachen." Miriam gab ihm einen empörten Knuff.

Sein Vater wirkte bei der Ankunft sehr erschöpft. „Wo ist mein Bett? Ich bin müde", murmelte er, kaum dass er das Haus betreten hatte.
„Oben, im Gästezimmer, wie immer", antwortete Elisabeth und nahm ihn zur Begrüßung in den Arm.
Er sah sich Hilfe suchend um. Seine Frau ergriff seine Hand und führte ihn zur Treppe. „Zeitweise findet er sich nicht so gut zurecht", wisperte sie und begleitete ihn nach oben.
„Aber sollte er nicht erst einmal zu Abend essen, bevor er sich schlafen legt?", wandte Elisabeth ein.
„Lass gut sein", bekam sie zur Antwort, „manchmal ist Ruhe einfach besser als Essen."
„Die Gästebetten sind für euch frisch bezogen, aber nehmt euch noch Handtücher aus dem Wäscheschrank oben im Flur", rief sie ihrer Schwiegermutter hinterher. Sie hörte das vertraute Quietschen der Schranktür, ein wenig gehetzt, so wie ihr Hedwig eben selber erschienen war. Wer von den beiden wohl eher Ruhe nötig hat?, dachte sie, vielleicht ist das Weihnachtsgeschäft im Reisebüro doch ein wenig zu anstrengend für die beiden gewesen, sie sind ja auch nicht mehr die Jüngsten.

Nach einer Viertelstunde kam Hedwig leisen Schrittes die Treppe wieder herunter und setzte sich an den gedeckten Abendbrottisch. „Jetzt schläft er, Gott sei Dank", seufzte sie, „ihr könnt euch nicht vorstellen, wie anstrengend die Zugfahrt war. Die ganze Zeit ist er herumgelaufen und hat gefragt, wann wir endlich da sind. Dauernd hat er wildfremde Menschen angesprochen, das war mir so peinlich. Und eine junge Frau, die mit uns im Abteil saß und einen etwas kürzeren Rock anhatte, hat er beschimpft, sie solle sich anständig anziehen. Ich hatte Mühe, sie wieder zu beruhigen." Ihre Stimme wurde immer hektischer. „Ach, und das Gequietsche eben aus eurem alten Schrank, da hat er gemeint, das wären die Bremsen des Zuges und wir müssten jetzt aussteigen."
Michael und Elisabeth sahen sich erschrocken an. Elisabeth legte ihr die Hand auf den Arm und fragte: „Was ist denn nun eigentlich mit Vater los? Bei uns kommen immer nur Andeutungen an, und du selbst bist vielleicht auch manchmal zu aufgeregt, um uns sachliche Informationen zu geben. Was sagt denn euer Hausarzt dazu? Wir haben ja darum gebeten, dass er uns nach seinem Urlaub anruft, aber das ist leider nicht passiert."
„Der Doktor hat ja immer so viel zu tun, und für uns hatte er leider beim letzten Mal auch nicht viel Zeit. Er sagte nur, ich solle mit Herbert mal zum Neurologen, aber er weigert sich, dorthin zu gehen. Er wäre schließlich nicht verrückt, behauptet er. Und trotzdem ist alles im Augenblick verrückt. Er ist so unberechenbar geworden. Und manchmal auch aggressiv." Ihre Stimme zitterte, und Tränen traten ihr in die Augen.
„Kann es sein, dass deine eigenen Nerven im Moment blank liegen?", fragte Elisabeth vorsichtig.
„Da hast du vollkommen recht. Ich komme mir allmählich vor wie sein Kindermädchen. Ständig muss ich auf der Hut sein, was als Nächstes passiert. Ich wage mich gar nicht mehr ins Bett, und wenn ich mich endlich hinlege, kann ich kaum

noch schlafen. Letztens ist er nachts einfach spazieren gegangen, ohne Mantel, und die Haustür hat er weit offen stehen lassen. Nach ungefähr einer Stunde kam er wieder. Ich war schon völlig krank vor Angst. Er sagte, er hätte nur mal frische Luft gebraucht. Ja, und am Tag darauf hatte er natürlich einen kräftigen Schnupfen. Ich habe versucht, unseren Hausarzt zu erreichen, aber der war auf einem Kongress, und seine Vertreterin, die Herbert natürlich nicht kennt, sagte nur, in seinem Alter könne schon mal eine Verwirrtheit vorkommen."
„Was heißt das – Verwirrtheit?", fragte Michael besorgt, „ist er zuckerkrank, ohne dass ihr das bisher gemerkt habt, oder hat er womöglich einen Hirntumor?"
„Ich weiß es doch nicht. Um das herauszufinden, müssten wir eine ganze Reihe von Untersuchungen machen lassen, aber wie gesagt, dein Vater weigert sich. Er hat nur zu unserm alten Hausarzt Vertrauen, alle anderen Ärzte nennt er Scharlatane." Sie sah ihren Sohn ratlos an.
„Und das alles haben wir nicht gewusst!", stieß Elisabeth erschrocken hervor.
„Wie denn auch! Als Michael im Oktober bei uns war, hatte ich den Eindruck, ihn interessiert es nicht, wie es uns wirklich geht. Er hat ja damals auch nur wenige Veränderungen an seinem Vater miterlebt. Ich habe mir seitdem vorgenommen, euch mit dem Thema zu verschonen. Ihr habt ja eure eigenen Sorgen. Deshalb wollte ich ursprünglich auch nicht zu euch kommen."
„Und ich mache mir jetzt Vorwürfe, dass wir deinen Hilferuf im Oktober nicht ernst genommen haben", sagte Elisabeth erschüttert.

Schweigend aßen sie zu Abend. Miriam hatte das Gespräch mit angstgeweiteten Augen verfolgt. Als Elisabeth sie später zu Bett brachte, fragte sie: „Mama, wird Opa wieder gesund?"
„Das hoffen wir alle sehr, und ich wünsche es ihm ganz, ganz

doll. Vielleicht hilft es ihm, wenn du in den nächsten Tagen besonders lieb zu ihm bist."

„Mama, weißt du noch? Opa hat mir zum Geburtstag einen roten Arztkoffer für Kinder geschenkt und gesagt, ich könnte genauso wie Tante Agnes eine gute Ärztin werden, und dann hat Tante Agnes gesagt: zum Ärztin werden gehört mehr als ein Koffer mit gutem Werkzeug drin. Dazu gehört auch die Seele, hat sie gemeint. Und wenn ich Opa schon nicht mit meinem Arztkoffer helfen kann, dann aber mit meiner Seele."

Elisabeth nahm ihre Tochter zärtlich in den Arm und flüsterte: „Du hast recht: mit deiner Seele kannst du ihm am besten helfen. Kranke Menschen brauchen ganz besonders viel Liebe."

Elisabeth erzählte ihrem Mann später von dem Gespräch mit Miriam. Er meinte nachdenklich: „Bei meinem Vater muss irgendetwas Ernstes dahinter stecken. Mit lieb sein alleine ist es da nicht getan."

„Aber Liebe und Geduld ist doch bei jeder Krankheit das A und O, was immer die Krankheitsursache auch sein mag", sagte sie und kuschelte sich müde in seinen Arm.

Am nächsten Morgen war Herbert schon früh auf den Beinen. Er stand barfuß und im Schlafanzug vor der geöffneten Kühlschranktür und inspizierte dessen Inhalt, als Michael verschlafen im Bademantel nach unten kam. „Was ist denn das für ein liederlicher Haushalt hier", murmelte Herbert, „wo sind denn meine Schrippen? Ich muss doch ins Geschäft!"

„Also Papa, erstens sagt man hierzulande Brötchen und nicht Schrippen; und zweitens brauchst du heute nicht ins Reisebüro; du bist doch bei uns in Hamburg."

„So? Ach, na ja. Kleiner Irrtum meinerseits. Kann ja mal passieren." Er grinste Michael schief an, als ob ihm sein „kleiner Irrtum" peinlich war und versuchte von sich abzulenken, indem er sagte: „Mein Sohn, hast du heute schon mal in den

Spiegel geschaut? Du bist ja vollkommen strubbelig und läufst auch noch im Schlafanzug herum."

„Na, das musst du gerade sagen, Vater, du siehst ja auch nicht eben schick aus." Herbert sah an sich herunter und entdeckte, dass er ja selbst auch noch im Pyjama war. Unsicher fummelte er an den Knöpfen herum und verließ die Küche ohne ein weiteres Wort.

Während des Frühstücks wurde er zunehmend unruhig. „Hedwig, lass uns mal einen Spaziergang machen, mir wird es zu eng hier im Haus."

„Vater, geh du doch einfach auf deinen Spaziergang und lass Hedwig hier", schlug Elisabeth vor, „ich möchte mit ihr den Speiseplan für die Weihnachtstage durchgehen und überlegen, ob wir noch etwas besorgen müssen. Sie ist nun mal die erfahrenere Hausfrau und hat den besseren Überblick."

Ihre Schwiegermutter warf ihm einen besorgten Blick zu, schwieg aber. Sie holte seinen Mantel, half ihm beim Anziehen und mahnte: „Dass du aber in einer Stunde auch zurück bist! Es ist kalt draußen, und ich möchte nicht, dass du dich wieder erkältest."

„Zimtziege!", fauchte er und verließ das Haus.

Elisabeth sah Hedwig erschrocken an. „Das hat er ja noch nie getan, dich so zu beschimpfen", sagte sie, „und du lässt dir das gefallen?"

„Was soll ich machen – wenn ich mich zur Wehr setze, wird er richtig ärgerlich. Dann brüllt er erst recht los."

„So kenne ich ihn gar nicht. Da muss man ihn doch in seine Schranken weisen."

„Das kannst du ja mal versuchen. Ich werde es nicht mehr tun. Ich habe zu viele schlechte Erfahrungen dabei gesammelt."

Elisabeth schüttelte den Kopf, wurde aber von Miriam abgelenkt, die zum wiederholten Male wissen wollte, wann denn nun endlich der Weihnachtsmann käme. Hedwig streichelte ihr über den Kopf. „Morgen Abend, da kommt er. Als Kind war ich vor den Feiertagen immer genauso ungeduldig wie du. Warte noch einen Moment; ich muss nur kurz mit deiner Mutter etwas besprechen, und dann komme ich zu dir in dein Kinderzimmer und wir spielen zusammen."

Eine Stunde später klingelte es an der Haustür. Eine entfernte Nachbarin stand davor und sagte: „Frau Reinicke, da sitzt ein älterer Herr vor der Sparkasse auf einer Bank. Er sieht ein bisschen aus wie Ihr Schwiegervater. Ich hatte ihn ja einmal anlässlich eines Gartenfestes bei Ihnen kennen gelernt. Es ist doch viel zu kalt, um draußen zu sitzen. Außerdem nieselt es. Wollen Sie nicht hingehen und schauen, ob er es ist?"
Elisabeth versuchte, sich ihren Schrecken nicht anmerken zu lassen. Sie bedankte sich, zog sich ihre Jacke an, ergriff einen Schirm und eilte aus dem Haus. Nur Michael ließ sie wissen, wohin sie wollte. Tatsächlich: es war Herbert, der da einsam und offensichtlich frierend auf einer Bank saß. Sie lief auf ihn zu. „Herbert, was sitzt du hier im Nieselregen herum? Warum kommst du nicht nach Hause?", stieß sie aufgeregt hervor.
Er sah sie misstrauisch an. „Wie soll ich als Berliner wissen, wie man zu euch nach Hause findet?", meinte er ärgerlich.
„Aber du warst doch schon so viele Male bei uns und hast früher oft alleine Spaziergänge unternommen."
„Man wird ja schließlich nicht jünger", antwortete er barsch, „außerdem hat sich bei euch in den letzten Jahren so viel verändert; man erkennt ja nichts wieder."
Das fand Elisabeth zwar überhaupt nicht, aber es war ihr jetzt gleichgültig. Zuerst musste er ins Warme gebracht werden. Sie half ihm hoch und begleitete ihn die wenigen hundert Meter bis zu ihrem Haus. Dort nahm sie ihm den nassen Hut und den Mantel ab und schob ihn in die Küche, um ihm einen heißen Kaffee einzuschenken. In dem Moment kam ihre Schwiegermutter die Treppe herunter. „Herbert, was ist denn mit dir los?", fragte sie entsetzt, „du siehst ja ganz verfroren

aus! Warum bist du denn nicht schon früher zurückgekommen?"

„Wie soll sich denn hier noch einer zurechtfinden, wenn doch alle Straßen und Häuser verändert worden sind", polterte er los, „was sich die Stadtplaner bloß dabei einfallen lassen, alle Straßen zu verlegen und so viele neue Häuser zu bauen. Wahrscheinlich sind die alten Gebäude alle in den Bombennächten draufgegangen."

„Ihr wart doch erst im vergangenen Frühjahr hier, so viel kann sich da doch nicht verändert haben", wagte Elisabeth leise einzuwenden.

„Jetzt behauptest du noch, ich sei bekloppt", schimpfte Herbert, „das hat meine Frau mir auch schon öfter gesagt. Aber ich lass mich doch nicht für dumm verkaufen!" Seine Stimme war jetzt richtig laut geworden.

„Jetzt ist aber Schluss!", schoss seine Frau ebenso laut zurück, „mich kannst du gerne zurechtweisen, ich bin ja nur deine Frau; aber deine Schwiegertochter lässt du gefälligst mit deinen Vorwürfen in Ruhe!"

Fassungslos verfolgte Elisabeth diesen Streit. Solche Auseinandersetzungen hatte sie von ihren Schwiegereltern noch nie vernommen. Zum Glück lief in Miriams Zimmer gerade eine Hörspielkassette, so dass die Kleine von alledem nichts mitbekommen hatte. Aber Michael kam verärgert aus seinem Arbeitszimmer heraus und murrte: „Ich habe zu arbeiten. Müsst ihr so laut sein?"

„Sag das mal deiner Mutter", fuhr sein Vater ihn an, „die hat mit dem Streit angefangen."

„Das ist doch nicht wahr, Herbert", versuchte seine Frau sich zu verteidigen, „gib doch einfach zu, dass du dich verlaufen hast und nicht zurückfinden konntest."

„Ich – mich verlaufen? Dass ich nicht lache! Ich war in meiner Jugend der beste Pfadfinder weit und breit. Niemals würde ich mich verlaufen."

„Du warst nicht bei den Pfadfindern, sondern bei der Hitlerjugend", sagte Hedwig mit versteinertem Gesicht, „und auch wenn du es nicht mehr wahrhaben willst: du warst da nicht etwa nur ein Mitläufer; du hast es bis zum Hauptfähnleinführer gebracht."
Da wurde er plötzlich blass und ging wortlos die Treppe hinauf ins Gästezimmer.
„Was war das jetzt?", fragte Michael erstaunt.
„So ist dein Vater schon immer gewesen. Was während des Krieges und in der Hitlerzeit war, davon will er nichts hören. Das wollte er schon immer verdrängen. Dabei ist er derjenige, der in den letzten Monaten immer wieder alte Kriegsgeschichten erzählt."
„Ihr habt mir nie etwas von eurer Zeit im Krieg erzählt. Ich glaube, ihr wolltet beide möglichst schnell alles vergessen, was damals war."
„Aus gutem Grund!", sagte seine Mutter mit trauriger Stimme und ging ebenfalls nach oben.

Michael und Elisabeth blieben schweigend in der Küche stehen. Schließlich sagte Michael versonnen: „Was du aus der Jugend deiner Eltern im Krieg mitgekriegt hast und dann auch mir immer wieder erzählt hast, das war mir oft zu viel. Ich habe immer gedacht: warum lässt du die alten Geschichten nicht endlich ruhen? Du hast ja förmlich in der Vergangenheit geschwelgt, in deiner eigenen und auch der deiner Eltern. Aber hin und wieder habe ich gedacht, ich hätte mehr von meinen eigenen Eltern erfahren wollen, wie sie das Dritte Reich erlebt haben, was ihnen im Krieg zugestoßen ist und wie sie das alles später bewältigt haben. Was du zu viel mitgekriegt hast, ist bei mir zu kurz gekommen. Da habe ich eine große Lücke."
„Ja, meine Eltern haben mir andauernd vom Krieg erzählt, vor allem, als ich noch klein war. Das fand ich oftmals sehr

belastend. Sogar beängstigend. Später habe ich manchmal gedacht, dass sie mir damit meine Kindheit vergiftet haben. Aber im Grunde muss ich ihnen dankbar dafür sein, denn sie haben mir damit auch die Möglichkeit gegeben, sie besser zu verstehen. Und es ist mir ja zum Glück gelungen, mich von der Last dieser Kindheitserinnerungen zu befreien und mich für die schönen Erinnerungen zu öffnen. Auch dank deiner Hilfe." Sie strich ihm über den Arm und fuhr fort: „Aber dass in eurer Familie niemals über die Hitlerzeit und den Krieg gesprochen wurde, das hat mich schon immer gewundert. Ich habe es so hingenommen, weil ich es für eure Art der Bewältigung gehalten habe. Jeder hat ja auch das Recht, seine Erinnerungen zu verdrängen."

Michael schwieg einen Moment. Dann meinte er nachdenklich: „Verdrängen – das ist wohl das richtige Wort für die Art, wie bei meinen Eltern mit der Vergangenheit umgegangen wird. Wenn ich als Jugendlicher mal aus der Schule kam und erzählte, dass wir im Geschichtsunterricht über die NS-Zeit gesprochen haben, dann hat mein Vater immer ganz schnell das Thema gewechselt. Und meine Mutter ist aus dem Zimmer gegangen. Ich habe lange gebraucht, bis ich das bemerkt habe. Irgendwann habe ich dann von selbst solche Themen nicht mehr angesprochen. Erst durch dich habe ich begriffen, dass man mit der Vergangenheit auch anders umgehen kann – offener, ehrlicher, auch wenn das vielleicht ein schwerer und zunächst leidvoller Weg ist." Er lachte etwas unsicher: „Aber du, Elisabeth, hast es mir mit deinem jahrelangen Kreisen um alte Geschichten manchmal auch sehr schwer gemacht."

„Ja, ich habe dich während unseres Studiums in meine seelische Arbeit an der Vergangenheit mit hineingezogen, das war mir durchaus bewusst. Und ich bin dir sehr dankbar, dass du mich dennoch ertragen hast. Und mich sogar geheiratet!" Sie küsste ihn. „Solche Auseinandersetzungen wie deine Eltern vorhin

haben wir hoffentlich niemals nötig", flüsterte sie ihm ins Ohr. „Nein, wir werden bessere Anlässe zum Streiten finden", antwortete er lachend und küsste sie ebenfalls, „nur an deiner Neigung, alte Gegenstände aufheben zu wollen, daran müssen wir noch ein wenig arbeiten."
„Lieber nicht! Mein alter singender Schrank und der wurmstichige Spiegel sind mir nun einmal lieb und wert. Bei mir zu Hause wurde nicht so schnell Altes ausrangiert und durch Neues ersetzt, wie das bei euch der Fall war."
Es war schon öfter Thema ihrer Frotzeleien gewesen, dass Michael sich leicht von alten Dingen, gebrauchter Kleidung und einmal gelesenen Büchern trennen konnte, während sie nichts wegwerfen mochte, das noch irgendwie brauchbar erschien. Von seinem Büro beispielsweise behauptete sie, es sei so nüchtern und unpersönlich wie eine Bahnhofshalle, während er ihr Arbeitszimmer gerne eine Rumpelkammer nannte, voller Akten, Bücher und Zeitschriften.

Am Nachmittag war Miriam bei einer Spielkameradin in der Nachbarschaft eingeladen. Die beiden Frauen verschwanden in der Küche, um die Geschenke für die Kleine einzuwickeln und sie später im Wäscheschrank hinter den Badelaken zu verstecken. Michael saß im Wohnzimmer und las die Zeitung. Auch sein Vater hatte sich einen Teil der Tageszeitung genommen, den Sportteil, aber wie Michael bemerkte, schien er nicht darin zu lesen, sondern nur mit dem Papier zu hantieren, als ob er die Seiten umblättern würde. Michael legte seinen Teil der Zeitung hin und fragte: „Vater, was ist los? Du wirkst so unruhig. Und deine Auseinandersetzung mit Mutter vorhin – so kenne ich euch beide gar nicht."
„Ach Junge, es ist im Moment schwer mit ihr. Sie hat sich so verändert. Rechthaberisch ist sie geworden." Er brach ab und fuhr dann stockend fort: „Immer behandelt sie mich wie einen kleinen Jungen. Nichts kann ich ihr mehr recht machen. Dau-

ernd steht sie wie ein Polizist hinter mir und redet mir rein." Seine Stimme klang bitter.

„Na ja, manchmal bist du ja auch nicht ganz einfach, Vater."

„Jetzt fängst du auch noch an. Von dir als mein Sohn hätte ich mir mehr Verständnis erhofft."

„Ich versuche, Verständnis für euch beide zu haben."

„Wenn du mir wirklich helfen wolltest, dann würdest du zu uns nach Berlin ziehen und das Reisebüro übernehmen. Es wird mir zu viel, die Verantwortung für so einen großen Laden."

„Vater, du weißt, dass das nicht geht. Elisabeth und ich sind Juristen und keine Geschäftsleute. Wir haben hier unsere Anwaltskanzlei, sind mittlerweile gut bekannt und haben einen großen Kreis von Mandanten. Das alles würden wir niemals aufgeben. Ihr hättet mehr als ein Kind haben sollen, dann hätte sich vielleicht ein Nachfolger innerhalb der Familie gefunden."

Mit funkelnden Augen sah ihn sein Vater an: „Hast du dich nie gefragt, warum du keine Geschwister hast?" Er sprang auf und lief im Zimmer auf und ab. „Deine Mutter hat mich ja nie an sich rangelassen. Ich war ihr wohl nicht gut genug!", stieß er aufgeregt hervor.

„Was heißt das – du warst ihr nicht gut genug? Sie hat dich doch geheiratet, damals nach dem Krieg."

„Geheiratet ja, aber mehr auch nicht. Im Bett hat sich bei uns nichts abgespielt."

Michael zwang sich ruhig zu bleiben. „Und warum nicht?", fragte er vorsichtig.

„Hat dir deine Mutter nie erzählt, dass sie damals im zerbombten Berlin von russischen Soldaten vergewaltigt worden ist? Nein, das hat sie sicher nicht erzählt, sie hat ja nie darüber gesprochen. Jetzt weißt du es, mein Sohn. Eine schreckliche Geschichte. Ich habe sie damals aus Mitleid geheiratet; sie kam mir wie ein verschrecktes kleines Häschen vor. Aber ich hätte es sein lassen sollen."

Michael saß da wie vom Donner gerührt und sah seinen Vater entsetzt an. Natürlich hatte er gewusst, dass solche Dinge nach dem Krieg vielen Frauen und Mädchen zugestoßen waren, aber seine eigene Mutter...? Er rang nach Fassung. Schließlich sagte er mit zitternder Stimme: „Das muss ja furchtbar für sie gewesen sein. Und all die Jahre habt ihr nie versucht, therapeutische Hilfe für sie zu finden?"
„Sie wollte ja nicht! Sie behauptete immer, wenn sie nicht daran denken müsse, dann könne sie ganz gut damit leben."
„Und das ist ihr offensichtlich doch auch gelungen – damit zu leben. Jedenfalls hatte ich immer den Eindruck, dass euer Leben gut und erfolgreich war. Aus dem Nichts habt ihr damals das Reisebüro aus dem Boden gestampft, habt ein großes Haus in Zehlendorf, konntet viele Reisen unternehmen."
„Ja, das war die äußere Fassade. Aber innen drin sah es ganz anders aus."
„Und mich habt ihr nie mit hineingenommen in das, was euch im Innersten bewegt hat", meinte Michel vorwurfsvoll.
„So etwas ist ja auch wirklich nichts für die Ohren eines Kindes." Herbert ließ sich erschöpft auf dem Sofa nieder. „Kannst du dich an unsere Silberhochzeit erinnern?"
„Natürlich; die habt ihr doch in diesem schicken Lokal am Wannsee gefeiert."
„Damals waren auch Freunde von uns dabei, die schon unsere Hochzeit miterlebt hatten. Einer von ihnen, mein Schulkamerad Karl, hat zwischen Suppe und Kartoffeln eine Rede auf uns, das Silberpaar, gehalten. Er fand es wohl eine witzige Idee, die Anfangsbuchstaben unserer Vornamen aufzugreifen. He wie Herbert und He wie Hedwig. He-He. Darauf ist er immer wieder herumgeritten. Mir kam dieses He-He vor wie Spott und Hohn. Hehe, hehe, immer wieder. Als ob ich ausgelacht werde." Er stützte den Kopf in beide Hände. Zwischen seinen Fingern quollen einige Tränen hervor.
Michael setzte sich neben ihn und legte ihm den Arm um

die Schultern. So saßen sie lange schweigend beieinander. Schließlich stand sein Vater auf und sagte mit brüchiger Stimme: „Ich bin müde; ich werde mich mal ein Stündchen hinlegen."
„Ich bringe dich nach oben, Papa."
„Lass gut sein, mein Junge, heute werde ich den Weg ins Gästezimmer wohl finden."

Einige Minuten lang blieb Michael noch sitzen, dann stand er auf, warf kurz einen Blick in die Küche und sagte: „Ich muss mal an die frische Luft. In spätestens zwei Stunden bin ich wieder da." Elisabeth sah ihm erstaunt hinterher, widmete sich dann aber gleich wieder dem bunten Weihnachtspapier und den roten Schleifen. Er nahm sich seinen Mantel und schritt zügig aus. Was sein Vater ihm alles offenbart hatte, musste er erst einmal überdenken, ehe er mit seiner Frau oder seiner Mutter darüber sprechen konnte.
Seine Mutter, die all die Jahre seiner Kindheit so zärtlich und liebevoll zu ihm gewesen war, die auch Elisabeth voller Herzlichkeit in die Familie aufgenommen hatte – sie sollte eine gefühlskalte, abweisende Ehefrau gewesen sein? Er konnte es sich nicht vorstellen. Diese elegante Geschäftsfrau, die mit den Kunden des Reisebüros freundlich und höflich umzugehen verstand, die auch für ihre Angestellten immer das richtige Wort fand – war das alles nur Fassade..., war sie innerlich immer noch durch das traumatische Erlebnis ihrer Jugend belastet? Warum hatte sie ihn in all den Jahren niemals in dieses Geheimnis eingeweiht? Andererseits: hätte das an seiner Beziehung zu ihr, die doch ohnehin sehr gut war, etwas verändern können? Und was war das gestern gewesen, was sie ihrem Mann über seine Zeit bei der Hitlerjugend vorgeworfen hatte? Offensichtlich hatte auch er seine Geheimnisse, über die er nicht sprechen mochte. Und das waren vielleicht noch längst nicht alle dunklen Flecke in ihrer Vergangenheit.

Wer weiß, was noch alles zutage käme, wenn er weiter nachfragen würde?
Michael marschierte die Straße entlang. Sein zunächst halbwegs ruhiger Schritt ging allmählich in ein Laufen über, als ob er durch äußere Bewegung seine innere Unruhe besänftigen könne. Vielleicht war auch deshalb sein Vater in letzter Zeit von solch einer merkwürdigen Unrast erfüllt. Vielleicht versuchte auch er Dinge zu verarbeiten, die eigentlich zu groß und zu schwer waren, um sie bewältigen zu können. Es begann zu regnen, er trat im Dämmerlicht in Pfützen, seine Hosenbeine wurden nass, aber das kümmerte ihn nicht.

Schließlich kehrte er nach Hause zurück und ging ins Schlafzimmer, um sich eine trockene Hose anzuziehen. Im Vorbeigehen fiel sein Blick in den ovalen Spiegel. Seine Haare waren nass, sein Gesicht unnatürlich gerötet. Wenn das stimmt, was mein Vater mir erzählt hat, dachte er, wie bin ich denn dann entstanden? Etwa gegen den Willen meiner Mutter, ohne Liebe und Zärtlichkeit? Darf ich so überhaupt von meinen Eltern denken?, fragte er sich plötzlich betroffen.
Leise ging er die Treppe wieder hinunter und begab sich in sein Arbeitszimmer. Er setzte sich an den Schreibtisch und ging einige Akten durch. Eigentlich hatte er sich für die Weihnachtstage vorgenommen, nicht an seine Arbeit zu denken, aber er fühlte sich noch nicht imstande, seiner Mutter in die Augen zu sehen. Sicher würde sie sofort spüren, dass sich zwischen ihnen etwas verändert hatte, durch ein Wissen, das er nicht hatte teilen dürfen. Er nahm sich vor, mit Elisabeth darüber zu sprechen, sobald seine Eltern wieder abgereist wären, aber ein Gespräch mit seiner Mutter erschien ihm nach wie vor unmöglich.

„Papa, Opa schummelt!", rief Miriam am nächsten Morgen, nachdem sie mit ihrem Großvater eine Runde Memory gespielt hatte, „er dreht immer mehrere Karten um, und dabei weiß doch jeder, dass man sich nur zwei Karten angucken darf. Und verlieren kann er auch nicht. Als ich mehr Karten hatte als er, ist er einfach weggegangen und hat gesagt, das ist ein doofes Spiel."

Hedwig nahm ihre kleine Enkelin lächelnd in den Arm und raunte ihr ins Ohr: „Manchmal ist dein Opa tatsächlich wie ein kleines Kind, das vieles noch nicht weiß. Du musst Geduld mit ihm haben. Und wenn heute Abend der Weihnachtsmann kommt, dann willst du doch ein braves Mädchen sein und keinen Streit mit Opa haben, oder?"

„Doch, auch als braves Mädchen darf man sich streiten, nicht wahr, Mama? Du sagst mir doch immer, dass Streiten wichtig ist."

„Natürlich ist Streiten wichtig", antwortete Elisabeth, „aber es kommt darauf an, worüber und wie man streitet. Über Memorykarten streiten lohnt doch im Grunde gar nicht. Und wichtig ist auch, dass man immer die Achtung behält für den Menschen, mit dem man sich streitet. Niemals darf man gehässig werden."

„War ich denn eben gehässig, Mama?"

„Nein, nur empört. Aber vielleicht kannst du die ganze Geschichte einfach auf sich beruhen lassen und dir sagen: der Opa ist ein bisschen vergesslich und kennt die Regeln vom Memory nicht mehr so gut."

„Aber ich habe sie ihm doch dauernd gesagt. Ständig habe ich ihn daran erinnert, dass er sich nur zwei Karten angucken darf. Aber er hat nicht auf mich gehört."

„Hörst du denn immer auf mich, wenn ich dir sage: räum dein Zimmer auf, zieh dir endlich Schuhe an, schmatz nicht so beim Essen!?"

Miriam senkte den Kopf. Mit einem Mal strahlte sie und sagte: „Na gut, ich hör jetzt auf davon zu reden, und dafür verrätst du heute Abend dem Weihnachtsmann nicht, dass ich manchmal nicht auf dich höre. Ja?"

„Du bist ganz schön gerissen", lachte Elisabeth, „aber in Ordnung, ich werde dem Weihnachtsmann nichts verraten."
„Ziemlich schlau, die Kleine", flüsterte Hedwig, „so wie sie argumentieren kann, wird sie sicher auch einmal eine gute Juristin werden, genau wie du und Michael."

Der hatte in der Zwischenzeit mit seinem Vater zusammen begonnen, den Weihnachtsbaum im Wohnzimmer aufzustellen und zu schmücken. Herbert summte leise vor sich hin, während er bunte Kugeln und Lametta an den Baum hängte. Aus dem Summen wurde ein halblauter Gesang, und Michael fragte: „Was singst du denn da, Vater? Singst du jetzt für uns Weihnachtslieder?"
„Nein, mein Lieblingslied: Vor der Kaserne vor dem großen Tor. Kennst du das etwa nicht? Es ist von Lale Andersen und wird zurzeit dauernd im Rundfunk gespielt."
Statt einer Antwort rief Michael aus: „Vater, du hängst ja alles nur an einen einzigen Ast, alles dicht an dicht. Wie sieht das denn aus? Du musst den Christbaumschmuck doch über alle Zweige verteilen."
„So? Muss ich das? Dann mach doch deinen Kram alleine." Herbert setzte sich schmollend in eine Ecke und sah zu, wie Michael mühsam die dünnen Fäden der Christbaumkugeln von den Tannennadeln löste und den Baum neu schmückte.
Stöhnend sagte er: „Da hast du mir jetzt aber einen ziemlichen Batzen zusätzliche Arbeit eingebrockt, Vater. Wolltest du mich ärgern?" Sein Vater schwieg. Offensichtlich verstand er selbst nicht, was er da angerichtet hatte.
Elisabeth wunderte sich, warum das Christbaumschmücken heute besonders viel Zeit in Anspruch nahm und guckte vorsichtig durch einen Türspalt. Michael erklärte ihr im Flüsterton, welchen Scherz sich sein Vater erlaubt hatte. Zumindest nahm er sich vor, diese kleine Begebenheit als Scherz und nicht als Schikane von Seiten seines Vaters aufzufassen. Nach dem, was

sein Vater ihm tags zuvor anvertraut hatte, würde er sich ohnehin mit seinen Äußerungen sehr zusammennehmen müssen. Dank Miriams kindlicher Unbefangenheit und Begeisterung über die Fülle der Geschenke verliefen die Weihnachtstage unbeschwert und harmonisch. Dass Herbert oftmals stiller war als früher, wurde kaum bemerkt und von seiner Frau dankbar zur Kenntnis genommen. Lieber einen stillen Ehemann als einen, dessen Reaktionen nicht vorhersehbar und manchmal etwas verrückt sind, sagte sie sich. Dass auch Michael schweigsamer als gewohnt war, fiel nur seiner Frau auf, und sie hütete sich, ihn darauf anzusprechen. Ihr Bedarf an Merkwürdigkeiten war zurzeit ausreichend gedeckt.

In Hedwigs großem Koffer hatte sich natürlich kein Pony befunden, sondern lauter hübsche Kleidchen, Blusen und Röcke für ihre Enkelin, die trotz Elisabeths Bemühungen, Miriam nicht auf eine Mädchenrolle festzulegen, eine große Portion Eitelkeit in sich trug. Michael und Elisabeth pflegten sich gegenseitig mit der Frage aufzuziehen, von wem sie die wohl geerbt hatte. Miriam bestand darauf, die neuen Sachen alle gleich nach dem Auswickeln anzuziehen und sich im Spiegel darin zu bewundern. Michael musste ihr einen Stuhl vor den ovalen Spiegel im Schlafzimmer rücken, damit sie sie sich ohne fremde Hilfe darin bewundern konnte. Mehrfach stieg sie auf den Stuhl, jeweils mit einem anderen Stück ihrer neuen Garderobe.
Plötzlich ertönte ein lautes Gejammer aus dem Schlafzimmer. Elisabeth lief nach oben. „Was ist los? Hast du dir wehgetan?", fragte sie.
„Mami, guck mal, da ist ein Fleck auf meinem neuen Rock."
„Wo, zeig doch mal!"
„Hier", und Miriam deutete auf eine Stelle an ihrem neuen bunten Schottenröckchen, auf dem Elisabeth noch nicht einmal die Andeutung eines Fleckes sehen konnte.

„Da ist nichts, Miriam, glaub es mir."
„Doch, ich hab ihn ganz genau gesehen. Eben, als ich in den Spiegel geguckt hab."
Elisabeth hob sie wieder auf den Stuhl und gemeinsam blickten sie in den Spiegel. „Das ist doch bloß ein Fleck im Spiegel", lachte Elisabeth, „schau mal, an manchen Stellen hat das Spiegelglas blinde Flecken. Wenn du still stehst, denkt man, es wäre ein Fleck auf deinem Rock. Aber wenn du dich ein wenig drehst, kommt es einem so vor, als ob der Fleck an eine ganz andere Stelle wandert. Nicht dein Rock ist schmutzig, der Spiegel ist das Problem – er ist alt und nicht mehr ganz klar." Miriam seufzte erleichtert auf, und gemeinsam gingen sie wieder ins Wohnzimmer, das erfüllt war vom Duft des Weihnachtsbaumes und dem Licht der Kerzen.

Eigentlich hatte sich Hedwig vorgenommen, spätestens am 28. Dezember wieder nach Berlin zu reisen, aber Michael drängte sie, noch bis über Silvester zu bleiben. Miriam würde es doch sehr genießen, mit ihrer Großmutter zu spielen, argumentierte er, und insgeheim erhoffte er sich weitere Details aus der Vergangenheit seiner Eltern. Außerdem hatte sich Elisabeths Schwester Agnes zusammen mit ihrem Freund Roland angekündigt und auch den Wunsch geäußert, Michaels Eltern nach längerer Zeit einmal wiederzusehen.
Agnes und Roland kamen drei Tage nach Weihnachten an und brachten eine Kiste Kieler Sprotten mit, die bei Miriam Begeisterungsstürme auslöste. Klitzekleine Fische, die man aus der Hand essen durfte – das fand sie witzig. Elisabeth servierte zur Feier des Tages frische Schollen und dazu einen warmen Hamburger Speckkartoffelsalat. „Na, für so viel Speck musstest du bestimmt viele Karten gesammelt haben", war Herberts Kommentar, als er sich die große Schüssel voller Salat betrachtete. „Was meinst du mit Karten?", fragte Elisabeth.
„Bei uns in Berlin gibt es Speck nur noch auf Lebensmittel-

karten. Und dann immer nur zwanzig Gramm pro Person. Ist das bei euch nicht so?"

„Pst, Herbert, sei still!", fuhr ihn seine Frau an, „wir sind doch nicht mehr im Krieg."

Er sah sie erschrocken an, schwieg einen Moment und sagte dann: „Im Ernst? Na, da habe ich mich wohl geirrt. Das kann ja mal passieren." Peinlich berührt senkte er den Kopf.

Agnes erzählte gerade, dass man ihr eine Stelle als Oberärztin angeboten hatte, als Miriam plötzlich schrie: „Opa, du isst ja mit dem Messer." Herbert führte tatsächlich sein Messer zum Mund, hielt es allerdings an der Klinge und wollte soeben den Griff in den Mund stecken.

Hedwig entriss ihm das Messer, lachte hysterisch auf und sagte: „Solche Scherze macht er gerne mal, nicht wahr, Herbert?"

„Papa hat gesagt, das tut man nicht", trumpfte Miriam auf.

„Jetzt halte du deinen vorwitzigen Schnabel", fuhr Michael sie an. Unter seinem zornigen Blick senkte sie den Kopf, aber man sah ihr an, dass sie sich ungerecht behandelt fühlte.

Agnes rettete die Situation, indem sie sich an Herbert wandte und sagte: „Verwandtschaft kann manchmal ganz schön lästig sein, nicht wahr?" Er strahlte sie an und nickte. „Dauernd wird man zurechtgewiesen, und niemals darf man in Ruhe das tun, was man möchte", fuhr sie fort, und er nickte wieder. „Wie sieht es aus, Herbert, wollen wir zwei beide nach dem Essen einen Spaziergang machen, so einen richtig schönen langen Verdauungsspaziergang?" Aus seinem Nicken wurde begeisterte Zustimmung.

„Au ja, ich will auch mit!", rief Miriam.

„Nix da, dich nehmen wir nicht mit. Wir wollen uns in Ruhe unter Erwachsenen unterhalten. Wenn du auch spazieren gehen möchtest, musst du deine Oma fragen", entschied Agnes. Sie warf Elisabeth einen verschwörerischen Blick zu, und die ahnte sofort, dass Agnes vorhatte, als Ärztin ganz unverfänglich einen Blick auf Herbert werfen.

Am Abend gelang es Elisabeth mit einiger Mühe, ein paar ungestörte Minuten mit ihrer Schwester zu finden. „Hol Michael auch her", schlug Agnes vor, „dein Mann ist schließlich Herberts Sohn und sollte auch wissen, was los ist." Zu dritt saßen sie in Michaels Arbeitszimmer, während sich seine Eltern einen alten Film im Fernsehen anschauten und Roland schon ins Hotel gefahren war.
„Los, sag endlich, Agnes, was meinst du, was mit Herbert los ist", drängte Elisabeth ihre Schwester, „du hast doch nicht nur aus lauter Herzlichkeit einen Spaziergang mit ihm vorgeschlagen."
„Nicht nur, aber auch. Er tat mir leid, wie er vorhin beim Essen plötzlich im Mittelpunkt der Aufmerksamkeit aller stand und gar nicht wusste, wie er da hingeraten war. Und dann Hedwig, wie unangenehm berührt sie schien. Ich glaube, am liebsten wäre sie ihm an die Gurgel gegangen, so peinlich war ihr das."
„Ja, peinlich ist es mit meinem Vater zur Zeit wirklich", stöhnte Michael.
„Aber hat ihn denn schon einmal ein Facharzt untersucht?", fragte Agnes.
„Nein, er weigert sich ja, außer zu seinem Hausarzt zu irgendeinem anderen Arzt zu gehen. Dich schätzt er, Agnes, vielleicht kannst du ihm zureden."
„Ich werde ihm nicht nur zureden, ich werde für ihn auch einen Termin bei einem Neurologen besorgen. Und zwar hier in Hamburg, solange die beiden noch bei euch zu Besuch sind. Für irgendetwas müssen meine Kontakte zu anderen Medizinern doch nützlich sein."
„Ist es so dringend mit ihm?", fragte Elisabeth besorgt.
„Wenn es das ist, was ich befürchte, dann wäre es gut, bald mit einer Therapie zu beginnen. Diese Krankheit lässt sich zwar nach wie vor nicht heilen, aber mit den heutigen Medikamenten kann man sie zumindest etwas bremsen."
„Jetzt mach doch nicht so ein Geheimnis daraus, sag endlich, was du vermutest."

„Alzheimer", kam es wie aus der Pistole geschossen, „ich bin zwar Gynäkologin, aber so viel weiß ich noch aus meinem Studium und aus Gesprächen mit Kollegen, dass ich in seinem Verhalten eindeutige Symptome entdecke."

„Das kann nicht sein", sagte Michael, „Alzheimer – das bekommen doch nur ganz alte Leute, und mein Vater ist gerade erst vierundsechzig."

„Du kannst theoretisch auch schon mit fünfzig Alzheimer bekommen, allerdings dauert es dann lange, bis es diagnostiziert wird, weil keiner damit rechnet oder daran glauben mag. So wie du auch nicht glauben kannst, dass dein eigener Vater betroffen ist."

„Und woran meinst du, das bei ihm erkannt zu haben?"

„Guck dir doch mal an, wie selten er noch unseren Gesprächen folgen kann, wie sein Blick manchmal vollkommen leer und dann wieder ganz abgelenkt ist, wie verunsichert er insgesamt wirkt. Auf unserem Spaziergang vorhin wäre er beim Überqueren einer Straße fast unters Auto geraten, weil selbst so ein einfacher, früh gelernter Reflex wie das Anhalten am Bordstein und nach links und rechts gucken bei ihm nicht mehr funktioniert. Dass er zeitweise nicht mehr mit Messer und Gabel umzugehen versteht, habt ihr ja heute Mittag selbst miterlebt. Ich möchte nicht wissen, was Hedwig hinter eurem Rücken schon alles regelt, damit Herberts Aussetzer nicht auffallen. Ohne ihre Hilfe würde er sich vermutlich schon gar nicht mehr richtig waschen und anziehen können."

„Stimmt", sagte Elisabeth, „gestern früh bekam ich mit, wie sie ihn drängte zu duschen, und er behauptete, das hätte er doch gerade getan."

„Aber vor ein paar Tagen habe ich noch ganz normal von Mann zu Mann mit ihm sprechen können", meinte Michael.

„Ja, das ist ja das Fatale an der Alzheimer-Krankheit. Es gibt Momente und Zeiten, da ist der Betroffene wie früher. Und plötzlich, von einer Minute zur anderen, hat er einen geistigen

Aussetzer, in dem er verwirrt oder desorientiert wirkt. Das Tragische ist: die verwirrten Zeiten werden zunehmen, weil sich immer mehr Teile seines Gehirns verändern. Irgendwann werden auch seine körperlichen Fähigkeiten abnehmen, und im schlimmsten Fall wird er dann nur noch bettlägerig sein."
Elisabeth schlug die Hände vors Gesicht. „So eine Krankheit hat er nicht verdient", seufzte sie.
„Die hat niemand verdient", sagte Agnes und nahm sie in den Arm, „es tut mir leid, wenn ich euch jetzt einen Schrecken eingejagt und euch womöglich Angst gemacht habe, aber ihr wolltet doch sicher, dass ich ehrlich bleibe, oder?"
„Was sollen wir denn jetzt tun?", fragte Michael.
„Mein Vorschlag ist: ich besorge ihm morgen einen Termin bei einem Spezialisten. Es wäre gut, wenn Hedwig und du, Michael, bei den Untersuchungen und dem Gespräch mit dem Arzt dabei wärt. Wenn sich meine Befürchtung bestätigt, und davon gehe ich aus, dann braucht er Medikamente und vor allem eine verständnisvolle Umgebung. Menschen, die ihn so nehmen wie er ist, mit all seinen Defiziten und Schwächen."
„Und das Reisebüro?"
„Darüber müsstet ihr mit Hedwig reden. Entweder verkaufen, oder für ihn eine gute Betreuung finden, damit sie weiter arbeiten kann."
Michael stöhnte. „Da kommt jetzt einiges auf uns zu, nicht wahr?"
Agnes nickte. „Irgendwann kommt der Zeitpunkt, da werden unsere Eltern alt und krank – das ist nun einmal so. Wäre es dir lieber gewesen, dein Vater hätte Krebs oder Asthma oder irgendeine andere Krankheit, die sein Leben sehr einschränkt?"
„Nichts davon hätte ich für ihn gewollt!", stieß Michael heftig hervor. Plötzlich schoss ihm durch den Kopf: Wenn nun das, was sein Vater ihm vor einigen Tagen offenbart hatte, gar nicht der Wahrheit entsprach? Vielleicht hatte sich sein krankes Gehirn da auch schon wirres Zeug zusammenphantasiert?

„Kommt, jetzt lösen wir diese Versammlung auf und setzen uns wieder zu Herbert und Hedwig", schlug Agnes vor, „heute können wir ja doch nichts mehr regeln. Michael, hol uns einen guten Wein aus dem Keller, und dann lasst uns versuchen, einen möglichst unbefangenen restlichen Abend zu verbringen."

Das war natürlich leichter gesagt als getan. Elisabeth ertappte sich immer wieder dabei, wie sie ihren Schwiegervater heimlich beobachtete, ob sich irgendetwas Auffälliges in seinem Verhalten zeigte. Aber er schien beinahe wie immer, beteiligte sich sogar kurzfristig am Gespräch, indem er Anekdoten aus der Zeit seiner Lehre zum Großhandelskaufmann in einer Berliner Spedition zum Besten gab: „Ich war der Hahn im Korb damals; alle weiblichen Lehrlinge sind ständig um mich herumscharwenzelt", erzählte er, „aber Augen hatte ich nur für eine, deine Mutter, Michael."
„Wie habt ihr euch eigentlich kennengelernt, Hedwig und du?", fragte Elisabeth.
„Wir sind uns auf dem Kudamm einfach so in die Arme gelaufen, und ich habe sofort gewusst: die oder keine! Liebe auf den ersten Blick", antwortete Herbert.
„Das stimmt doch gar nicht", sagte Hedwig empört, „beim Tanzen haben wir uns kennengelernt, wie das damals so war. Das war ja fast die einzige Gelegenheit nach dem Krieg, wo die jungen Leute sich treffen konnten – Sonntagnachmittags beim Tanzen."
„Stimmt nicht. Du lügst!", fuhr Herbert sie an, „auf dem Kudamm war es."
„Und du hast mich am Anfang gar nicht gewollt. Es hat Monate gedauert, bis wir uns zum ersten Mal geküsst haben, und dann nochmals mehrere Monate, bis du mir endlich einen Antrag gemacht hast. Von wegen Liebe auf den ersten Blick!" Hedwig wurde immer lauter.
Plötzlich sprang Herbert auf und schrie: „So machst du das im-

mer mit mir. Immer meinst du, alles besser zu wissen. Aber es war genauso, wie ich es gerade erzählt habe."
„Schluss der Debatte!", rief Michael und stand ebenfalls auf, „das ist doch jetzt völlig egal, wie ihr euch kennengelernt habt."
„Nein, das ist nicht egal", sagte sein Vater wütend, „so wie ich es erzählt habe, genauso war es."
„Warum verdrehst du die Wahrheit", fuhr ihn Hedwig an, „nur weil du dich mit deiner Geschichte in ein besseres Licht setzen willst?"
„Das habe ich gar nicht nötig!"
Wieder einmal, wie oftmals schon früher, gelang es Agnes, die Situation zu retten. Sie fragte: „Wollt ihr mal hören, wie Roland und ich uns kennengelernt haben?" Ohne eine Antwort abzuwarten, fuhr sie fort: „Das war auf der Kieler Förde, bei einem Segeltörn. Lauter gestandene Leute auf dem Boot, Ärzte, Architekten, und ich als einzige Studentin dabei. War ich schüchtern! Und dann kam ein etwas stärkerer Wind auf, und ich wurde auch noch seekrank. Nur ich, niemand sonst. Mann, war mir das peinlich! Da war es Roland, der mir tief in die Augen schaute und sagte: Wer so hübsche Augen hat, der darf ruhig auch einen empfindlichen Magen haben. Als ob das eine mit dem anderen etwas zu tun hat! Aber ich musste darüber so sehr lachen, dass es mir auf der Stelle besser ging."
Michael, dankbar für ihr geschicktes Eingreifen, wandte sich ihr lachend zu: „Unter diesem Gesichtspunkt habe ich mir deine Augen noch nie angesehen, liebe Schwägerin. Elisabeth, du gestattest doch, dass ich deiner Schwester jetzt ganz tief in die Augen schaue, ohne Hintergedanken, aber so tief, dass meine Blicke in ihrem Magen landen."
„Wenn du das könntest, würdest du viele Röntgenärzte arbeitslos machen", schmunzelte Agnes. Elisabeth saß sprachlos dabei. Eben noch der unerwartete laute Streit zwischen ihren Schwiegereltern, jetzt das geschickte Ablenkungsmanöver ihrer Schwester – das ging ihr alles zu schnell.

Einen noch größeren Schrecken bekam sie in der folgenden Nacht. Durch ein ihr fremdes Geräusch wurde sie gegen zwei Uhr in der Frühe wach. Sie setzte sich auf, horchte und bekam eine unerklärliche Angst. Sie rüttelte Michael am Arm und flüsterte: „Da ist irgendjemand Fremdes im Haus." Auch Michael lauschte und stand dann auf. Er lief zur Tür und die Treppe hinunter, Elisabeth hinter ihm. Das Geräusch kam aus der Küche, dazwischen war immer wieder die Stimme von Hedwig zu hören. Michael riss die Küchentür auf. Da hockte sein Vater am Boden und schluchzte zum Steinerweichen. Das ist also dieses merkwürdige Geräusch, dachte Elisabeth entsetzt. Solch ein furchtbares, lautes Schluchzen hatte sie noch nie in ihrem Leben gehört.
„Ich bin schuld daran. Es ist meine Schuld!", stammelte Herbert immer wieder.
Hedwig versuchte erfolglos, ihn zu beruhigen: „Nein, du bist nicht schuld daran. Es war der Krieg, der war schuld."
„Doch, ich hätte sie retten können. Wenn ich nur nicht diese Lungenentzündung gehabt hätte. Es ist alles meine Schuld!"
Michael stand hilflos und wie gelähmt vor seinem zitternden Vater. Elisabeth war diejenige, die sich schließlich ein Herz fasste, sich ebenfalls auf dem kalten Küchenfußboden niederkniete, Herbert in den Arm nahm und ihm immer wieder über den Rücken streichelte, bis er etwas ruhiger wurde. Dann sagte sie: „Bitte erzähl uns, woran du meinst, schuld zu sein. Wir möchten das doch auch verstehen können."
Da brach es mit einem Male aus ihm heraus, eine Flut von Worten, teils völlig verworren, teils klar und deutlich. Michael und Elisabeth sahen sich verständnislos an.
Schließlich sagte Hedwig: „Herbert, lass mich die Geschichte erzählen; du bist jetzt zu aufgeregt dafür." Stockend begann sie zu berichten: „Herbert hat doch als Soldat im Zweiten Weltkrieg am Russlandfeldzug teilgenommen. Er sollte, wie viele andere auch, nach Stalingrad geflogen werden, aber auf

Grund einer Lungenentzündung lag er an dem Tag, als sein Flugzeug gestartet ist, im Lazarett. Durch diesen glücklichen Umstand ist er nicht in den Kessel von Stalingrad geraten und hat dieses schreckliche Ereignis als einer von wenigen überlebt. Aber aus unerfindlichen Gründen redet er sich jetzt ein, wenn er mitgeflogen wäre, hätte er seine Kameraden retten können."

Herberts Schluchzen war in ein leises Wimmern übergegangen. Mit einem Mal riss er die Augen weit auf und flüsterte: „Ich sehe sie alle vor mir, der Fritz und der Hannes, der war doch noch so jung, keine achtzehn Jahre, und der lange Emil aus München – alle tot. Und es war so kalt, so bitterkalt. Und wir hatten nichts mehr zu essen. Und ich wollte nur noch schlafen, für immer schlafen. Aber der Arzt im Lazarett hat mich andauernd angestoßen und gesagt: Schlafen ist jetzt verboten. Die anderen neben mir auf der Pritsche, die sind alle eingeschlafen, die durften das, und dann kamen ein paar Männer und haben sie weggetragen. Die sind nie zurückgekommen. Die haben sich bestimmt gesund geschlafen."

„Oh Gott, Vater, das habe ich ja nicht geahnt, was du alles Schreckliches im Krieg erlebt hast. Warum hast du mir nie davon erzählt?", fragte Michael sichtlich erschüttert.

„Das konnte er nicht", sagte Hedwig, „er wollte später nicht mehr daran denken müssen. Er wollte die Erinnerungen loswerden."

„Na, das ist ihm ja gut gelungen", meinte Michael sarkastisch, „und du, Mutter, was hast du für Erinnerungen an die Zeit damals? Was musst du seitdem verdrängen? Da ja jetzt offensichtlich der Zeitpunkt gekommen ist, alte Geschichten hervorzuholen, würde ich gerne auch etwas von dir hören."

„Jetzt nicht, jetzt sollten wir erst einmal zusehen, wie wir deinen Vater ins Bett bekommen."

Willenlos ließ sich Herbert ins Gästezimmer und in sein Bett befördern, wo er sofort erschöpft einschlief. Für die anderen war an Schlaf nicht mehr zu denken. „Ich kann mich nicht erinnern, dass mein Vater mir jemals vom Krieg erzählt hat. Warum fängt er ausgerechnet jetzt davon an, warum gerade heute Nacht?", überlegte Michael.

„Das hat nicht erst heute angefangen", sagte Hedwig bedrückt, „er spricht schon seit Monaten immer wieder davon. Ich versuche, ihn dann abzulenken, denn manchmal habe ich den Eindruck, dass seine Erinnerungen ihn täuschen. Manches war bestimmt ganz anders, als er es sich einredet. So wie heute auch. Er trägt doch keine Schuld daran, dass damals so viele Männer gefallen sind."

„Aber offensichtlich kommt er nicht darüber hinweg, dass er durch einen ganz banalen Zufall überlebt hat, und so viele andere nicht", meinte Elisabeth, „vielleicht hat er sich damals tatsächlich schuldig gefühlt, dass er weiterleben durfte. Und möglicherweise hat er sich sogar eingeredet, dass er die Lungenentzündung selbst herbeigeführt hat, um sich vor dem Einsatz in Stalingrad zu drücken."

„Wie kommst du auf solch eine ungewöhnliche Schlussfolgerung?", fragte Hedwig erstaunt.

„Ich habe mich doch während meines Studiums intensiv mit den Schrecken des Krieges und ihren Nachwirkungen beschäftigt. Da ist mir so manches klar geworden. Vor allem, dass ein Verdrängen kaum möglich ist. Und dein Mann hat es ja offensichtlich auch nicht geschafft, seine schrecklichen Erinnerungen für immer auszulöschen."

„Kind, du hast gut reden. Ihr wart damals noch nicht auf der Welt. Ihr habt gar keine Vorstellung davon, wie furchtbar die Zeit damals war. Euch wäre es mit Sicherheit auch nicht gelungen, das alles besser zu verarbeiten." Hedwig klang vorwurfsvoll.

„Wir machen euch doch keine Vorwürfe", versuchte Elisabeth sie zu besänftigen, „aber vielleicht wäre es hilfreich gewesen, wenn ihr öfter darüber gesprochen hättet. Meine Eltern haben in den ersten Jahren nach dem Krieg ständig davon geredet. Zumindest kam es mir damals so vor. Und heute können sie ganz gelassen von früher erzählen, ohne dass der Schrecken wieder hochkommt. Die Vergangenheit ist ein Teil ihres Lebens geworden, vor dem sie sich nicht mehr fürchten müssen."

„Jeder verarbeitet nun mal auf seine Weise, was ihm zugestoßen ist", sagte Hedwig abweisend.

„Und du, was ist dir damals alles zugestoßen?", fragte Michael. Er wollte endlich wissen, ob es der Wahrheit entsprach, was sein Vater ihm von ihrem schrecklichsten Erlebnis erzählt hatte, aber ihm fehlte der Mut, sie direkt darauf anzusprechen.

„Für mich war die Zeit im ausgebombten Berlin am fürchterlichsten. Überall nur Ruinen, Dreck, Staub. Kein Strom, kein fließendes Wasser mehr. Stundenlanges Anstehen für ein wenig Brot, und das war dann noch mit Sägemehl gestreckt. Während des Krieges war ich ja die meiste Zeit in Mecklenburg in dem Dorf, in dem ich aufgewachsen bin. Da gab es auch in den mageren Jahren immer noch genug zu essen. Aber dann, im März 1945, da bat mich eine Kusine, ich möchte zu ihr nach Berlin kommen und ihr helfen, weil sie gerade Zwillinge bekommen hatte. Wir hatten noch versucht sie zu überreden, mit den Kindern zu uns aufs Dorf zu kommen. Aber sie wollte nicht weg, weil sie dachte, da würde ihr Mann sie nicht finden, wenn er zurückkäme. Ja, und als ich dann in Berlin war, gab es irgendwann keinen Weg mehr zurück. Und da habe ich nach dem Krieg deinen Vater kennengelernt und bin dort hängen geblieben."

Michael nahm all seinen Mut zusammen und fragte: „Mutter, stimmt das, was Vater mir von dir erzählt hat, dass du im Nachkriegsberlin von russischen Soldaten vergewaltigt worden bist?"

Elisabeth sah ihn entsetzt an: „Selbst wenn es stimmt, musst du das jetzt fragen? Hat deine Mutter im Moment nicht schon genug Schweres zu tragen?", raunte sie ihm zu.

Hedwig schwieg lange, den Kopf gesenkt. Schließlich sah sie Michael durchdringend an. Ihre Stimme war zitterig, als sie ihm antwortete: „Ja, das stimmt, aber nur ein einziges Mal, und dann habe ich mich versteckt, und kein Russe hat mich mehr gefunden. Drei Tage habe ich in einem Kellerloch gehockt und mich nicht herausgewagt... Und später kamen ja zum Glück die amerikanischen Soldaten, und damit war der Spuk vorbei. Da hatten wir Frauen und Mädchen nichts mehr zu befürchten."
„Oh Gott, Hedwig!" Elisabeth war ganz erschüttert. Sie nahm ihre Schwiegermutter in den Arm. „Das muss ja ein Albtraum für dich gewesen sein. Wie hast du das damals nur verkraftet?"
„So, wie alle betroffenen Frauen das getan haben: möglichst schnell den Tag vergessen, ums nackte Überleben kämpfen, die Ärmel hochkrempeln, zupacken und nach vorne schauen."
Hedwig saß in sich zusammengesunken da.
Michael wagte es nicht, seine Mutter weiter zu befragen. Er hätte gerne noch von ihr gewusst, was es denn mit ihrer von seinem Vater erwähnten Gefühlskälte auf sich hätte und ob er deshalb Einzelkind geblieben wäre. Stattdessen sagte er: „Da hast du so etwas Schreckliches erlebt, und dein eigener Sohn durfte nichts davon wissen – ich begreife es nicht."
„Bin ich dir denn deshalb eine schlechtere Mutter gewesen? Hast du irgendetwas entbehren müssen bei mir?", fuhr Hedwig ihn an.
„Nein, natürlich nicht", sagte Michael begütigend, „aber so viel Ehrlichkeit hätte doch sein dürfen."
„Du hast mir ja wahrscheinlich auch nicht alle Geheimnisse deines Lebens erzählt. Zum Beispiel, wann du das erste Mal mit Elisabeth geschlafen hast oder andere intime Einzelheiten."
„Meine Eltern haben mir einmal gesagt, es sei ihr ureigenes Recht, selbst zu entscheiden, was sie ihren Kindern mitteilen wollen und was nicht", versuchte Elisabeth einzulenken, „lass

es jetzt gut sein, Michael. Lasst uns lieber überlegen, wie es nun weitergehen soll. Wir sitzen hier wie ein großer Haufen Unglück und wühlen in alten Geschichten. Damit muss Schluss sein! Was machen wir jetzt: ins Bett gehen und hoffen, wieder einschlafen zu können? Oder wach bleiben und gleich zum Frühstück übergehen?"
„Ich brauche nach all diesen Geschichten Ruhe", sagte Hedwig, „ich lege mich wieder hin."
„Das sollten wir auch tun", meinte Elisabeth, „vielleicht können wir doch noch eine Mütze voll Schlaf bekommen."
„Das wird aber nur noch ein klitzekleines Mützchen sein", brummte Michael in dem Versuch, die Stimmung durch eine heitere Bemerkung aufzulockern, „wetten, Elisabeth, dass du als Kind jetzt deine Eltern gefragt hättest, wie denn diese Mütze aussähe und wer sie gestrickt hätte?"
Sie musste, trotz der angespannten Situation, lächeln. Als Kind hatte sie oftmals Sprichworte und Redewendungen hinterfragt, hatte sie wortwörtlich verstanden und damit das Gelächter ihrer Familie hervorgerufen. „Jetzt hätte mein Vater vermutlich gesagt, ich wäre selbst eine Schlafmütze", sagte sie, erleichtert darüber, dass die Stimmung für den Moment ein wenig gelöster wurde.

Aber an Schlaf war für die beiden natürlich nicht zu denken. „Ich komme einfach nicht darüber hinweg, dass meine Eltern so viel Schlimmes erlebt haben", flüsterte Michael, als sie dicht nebeneinander im Bett lagen, „da sie nie über die Kriegszeit erzählt haben, war ich davon ausgegangen, dass sie ganz ohne Probleme hindurch gekommen wären. Und die Sache mit meiner Mutter – nicht einmal darüber wurde bei uns gesprochen."
„Gerade darüber nicht", meinte Elisabeth, „das war doch eine Schande damals. Und ist es heute ja leider auch noch. Die wenigsten Frauen können darüber reden, wenn sie vergewaltigt worden sind. Vielleicht hätte ich selbst auch nicht den Mut, das

auszusprechen, wenn es mir, was der Himmel verhüten möge, einmal passieren sollte."
„Aber mit mir, deinem Mann, würdest du doch dann hoffentlich darüber reden, oder?"
„Gerade mit dir nicht. Erinnerst du dich an die junge Kellnerin, die wir im vergangenen Jahr anlässlich ihrer Scheidung vertreten haben? Die war einmal spät abends nach der Arbeit von einem Betrunkenen überfallen und vergewaltigt worden, und als sie das ihrem Mann erzählte, ist er sofort aus dem gemeinsamen Schlafzimmer ausgezogen und hat die Scheidung eingereicht."
„Ja, ich erinnere mich. Sie hat mir sehr leid getan damals. Ich hatte ihr noch geraten, professionelle Hilfe in Anspruch zu nehmen, um das alles gut zu verarbeiten."
„Ja, und sie musste dann monatelang darum kämpfen, dass die Krankenkasse ihr ein paar Stunden bei einer Psychologin bezahlte. Solch einen Wert haben Vergewaltigungsopfer in unserem Land", empörte sich Elisabeth, „und für die vielen betroffenen Frauen und Mädchen damals, die zum Teil ja noch halbe Kinder waren, gab es sowieso keine Hilfe. Deine arme Mutter!" Nach einer Pause fügte sie hinzu: „Hast du auch bemerkt, wie sehr sie betont hatte, dass es ja nur ein einziges Mal war? Als ob sie verbergen müsste, dass es doch mehrfach vorgekommen ist." Sie seufzte und schmiegte sich an ihn. „Weißt du, Michael, als ich mich damals so intensiv mit der Vergangenheit meiner Eltern befasst habe, da habe ich begriffen: Manches lässt sich auch mit professioneller Hilfe nicht verarbeiten; es lässt sich wohl nur irgendwie in den eigenen Lebenslauf integrieren. Wie ein dunkler Faden, der versehentlich in ein Gewebe hinein geraten ist, das eigentlich hell sein sollte."
„Das hast du wirklich schön gesagt. Aber wenn ich ehrlich sein soll: ich bin jetzt müde; lass uns versuchen, doch noch etwas zu schlafen."
„Du hast recht – einen Versuch ist es wert."

Elisabeth war am nächsten Tag schon zeitig auf den Beinen. Die Unruhe, die die Ereignisse und Gespräche während der Nacht bei ihr hervorgerufen hatten, ließen sie früh aufwachen. Als erstes rief sie Agnes im Hotel an und berichtete ihr von den Vorfällen. Die versprach, sich sofort um einen Termin für Herbert in der Neurologischen Klinik Hamburg-Eppendorf zu kümmern. Auf Grund der Weihnachtsferien war das allerdings erst zu Beginn des neuen Jahres möglich, wie sie später mitteilte.

„Was machen wir jetzt bloß?", jammerte Hedwig, „wir müssen doch zurück ins Reisebüro."

„Wenn ich einen Vorschlag machen darf, Mutter", sagte Michael, „ruf an und sag ehrlich, weshalb ihr noch nicht zurückkommt. Ich könnte mir denken, dass eure Mitarbeiter sowieso schon längst gemerkt haben, dass Vater verändert ist und sich vielleicht auch schon ihren Reim darauf gemacht. Und ehe sie hinter vorgehaltener Hand über ihn tuscheln und ihn für verrückt halten, schenk ihnen lieber reinen Wein ein."

Hedwig seufzte. „Wahrscheinlich hast du recht. Aber es fällt mir sehr schwer, darüber zu sprechen."

„Das glaube ich dir aufs Wort. Aber mit Offenheit kommt man letztendlich doch weiter, oder?"

Sie nickte und griff zum Telefon. Wie Michael vermutet hatte, stieß sie auf völliges Verständnis, dass sie ihren Mann zum Arzt begleiten müsse, und allerlei gute Wünsche wurden ihr mit auf den Weg gegeben.

Miriam, die aufmerksam dem Gespräch zwischen ihrem Vater und ihrer Oma gelauscht hatte, fragte ihn: „Papa, gibt es auch unreinen Wein? Ist der rot oder weiß? Woran erkennt ihr, ob ein Wein rein oder unrein ist?"

Da lachte er laut, packte sie, warf sie mit Schwung in die Luft und erklärte ihr dann mit einem Augenzwinkern: „Du bist ja wie deine Mutter als kleines Mädchen. Du hörst viel zu genau hin und nimmst alles wortwörtlich. Reiner Wein – das ist ein

Ausdruck für Ehrlichkeit. Ich hoffe, dass meine Tochter mich niemals anlügt und mir immer reinen Wein einschenkt."

„Na gut, Papa, dann hole ich dir jetzt ein Weinglas aus der Küche und sage dir ganz ehrlich, wie enttäuscht ich bin, dass ich kein Pony zu Weihnachten bekommen habe."

„Deine Ehrlichkeit in allen Ehren, liebe Tochter, aber wo sollten wir denn ein Pony unterbringen?"

„In der Garage natürlich. Dein Auto kann auch draußen stehen; dem macht die Kälte nichts aus. Und du hast doch immer gesagt, Sport ist gesund. Also Papa, ich will Reitsport lernen."

„Elisabeth, kommst du bitte mal, den verbalen Spitzfindigkeiten unserer Tochter bin ich nicht mehr gewachsen!", rief Michael lachend.

Januar 1985

„So ein blöder Arzt", schimpfte Herbert am Abend nach den Untersuchungen, „und der nennt sich auch noch Professor! Erst sollte ich eine Uhr auf ein Blatt Papier malen. Das kann doch jedes Kind. Dann wollte er von mir wissen, wer im Moment Bundeskanzler ist und welches Datum wir haben. Meine Güte, wenn man so im Urlaub ist wie wir gerade, da weiß man doch das Datum nicht auf Anhieb." Er war sichtlich erzürnt und wirkte durch die langen Stunden in der Klink sehr erschöpft. Hedwig saß blass und still dabei.

Erst als ihr Mann im Bett lag, wagte sie es, Elisabeth davon zu erzählen, wie es wirklich in der Klinik gewesen war. „Herbert konnte weder ein Haus noch eine Uhr malen. Seine Uhr, das war ein krakeliges halbwegs rundes Etwas, die Zeiger fehlten, und die Striche für die Uhrzeiten hatte er alle ganz nach oben gemalt, nicht etwa über den ganzen Kreis verteilt. Bei der Frage nach dem Bundeskanzler hat er gelacht und gesagt, wenn der Professor das selber nicht wüsste, dann wäre er wohl nicht der Richtige auf seinem Posten. So ging das die ganze Zeit: immer hatte er irgendeine Ausrede, um zu verbergen, dass er die richtige Antwort nicht kannte. Natürlich haben sie ihm auch Blut abgenommen, Ultraschall, EKG und ein EEG gemacht, aber das Entscheidende für den Professor war wohl das Gespräch mit Herbert."

„Ja, dafür hat er sich viel Zeit genommen", ergänzte Michael, „dabei hat er offensichtlich auch Vaters Motorik und Mimik beobachtet, und schließlich hat er sehr liebevoll über seine Diagnose mit ihm gesprochen."
„Was hat er ihm denn gesagt?", fragte Elisabeth aufgeregt.
Hedwig standen die Tränen in den Augen: „Er hat ihm ganz offen mitgeteilt, was er annimmt, nämlich das, was Agnes auch schon vermutet hat: dass es sich bei ihm um eine Alzheimererkrankung im Frühstadium handelt. Mit absoluter Sicherheit könne man das nicht sagen, weil man ja von außen nicht in sein Gehirn hineinschauen könne, aber viele Anzeichen würden darauf hindeuten. Dafür hat er ihm einige Medikamente empfohlen. Und er hat Herbert sehr vorsichtig darauf vorbereitet, dass seine geistigen Fähigkeiten weiter abnehmen würden. Wenn es also Dinge gäbe, die er zu regeln hätte, dann solle er das bald tun, solange er noch geschäftsfähig sei."
„Und wie hat er darauf reagiert?"
„Zuerst hat er natürlich alles weit von sich gewiesen. Aber zwischendurch saß er ganz nachdenklich und in sich gekehrt da, als ob die schreckliche Wahrheit ihn doch zumindest ein wenig erreicht hätte. Beim Abschied hat der Professor lange meine Hand gehalten und gesagt, jetzt würden schwere Zeiten auf mich zukommen, und er wünsche mir viel Kraft. Oh Gott, was sollen wir denn jetzt bloß machen?"
„Als erstes fahre ich euch in den nächsten Tagen nach Berlin", sagte Michael bestimmt, „es kommt überhaupt nicht in Frage, dass ihr wieder mit der Bahn fahrt. Und dann muss möglichst bald das Reisebüro verkauft werden."
„Das sehe ich anders", widersprach Elisabeth, „man muss doch jetzt nichts überstürzen. Vielleicht tut es deinem Vater ja gut, wenn er noch Aufgaben hat."
„Aber er kriegt doch nichts mehr hin – das haben wir doch in den letzten Tagen immer wieder gesehen."
„Natürlich kann er manches noch. Außerdem wäre es un-

menschlich, ihn von einem Tag auf den andern beiseite zu schieben, nur weil seine Krankheit jetzt einen Namen hat. Es gibt doch mit Sicherheit noch Aufgaben, die er erledigen kann."
„Nenn mir eine", fuhr Michael sie zornig an.
„Ist es dir etwa peinlich, wenn dein Vater im Reisebüro auftaucht und vielleicht ungewöhnliche Dinge sagt oder tut? Willst du ihn deshalb von allem fernhalten?" Auch Elisabeth wurde lauter als sonst. „Gib ihm die Chance, selbst zu merken, dass ihm manches nicht mehr gelingt."
„Aber das ist doch genau der Punkt: er nimmt es offensichtlich nicht selbst wahr, wenn er Fehler macht. Also müssen wir für ihn entscheiden."
Elisabeth schüttelte den Kopf. „Das gefällt mir alles nicht", widersprach sie, „nur weil wir jetzt zu wissen meinen, um welche Krankheit es sich handelt, sollen wir deinen Vater plötzlich anders behandeln als bisher?"
„Gerade weil wir jetzt seine Krankheit kennen, müssen wir anders vorgehen."
„Lasst doch das Streiten", bat Hedwig müde, „das hilft uns jetzt auch nicht. Ich werde einfach schauen, was er selbst kann und will, und dann sehen wir weiter."
„Mutter, du machst es dir zu einfach. So versuchst du nur, jedem Konflikt aus dem Wege zu gehen. Aber das führt doch zu nichts."
„Ich gehe jetzt ins Bett", sagte Hedwig entschlossen, „morgen packe ich unsere Sachen, und wenn du uns übermorgen nach Berlin bringen würdest, wäre ich dir sehr dankbar. Aber du musst nicht bleiben; ich komme schon zurecht."
Später sagte Elisabeth zu Michael: „Ich glaube, sie muss das alles erst einmal verarbeiten. Man kann nicht jetzt schon Entscheidungen von ihr verlangen."
„Aber Aufschieben ist auch keine Lösung."
„Auf die Dauer nicht, aber für den Moment", meinte Elisabeth energisch und ging ebenfalls schlafen.

Michael ließ es sich nicht nehmen, zwei Tage in Berlin zu bleiben und mit seinen Eltern verschiedene Dinge zu klären, beispielsweise wichtige Vollmachten für seine Mutter zu erwirken, damit sie in Zukunft berufliche und private Entscheidungen allein treffen konnte. Hinter ihrem Rücken sprach er mit den Angestellten des Reisebüros und bat sie um Verständnis für seinen Vater. Dabei stellte sich heraus, dass sie schon seit vielen Monaten psychische Veränderungen an ihrem Chef wahrgenommen hatten, die sie aber nicht einordnen konnten und die dazu geführt hatten, dass sich manche über ihn lustig gemacht hatten. Als Michael das Wort Alzheimer aussprach, war spürbar, wie erschrocken einerseits alle waren, gleichzeitig aber auch erleichtert, weil sie jetzt Möglichkeiten sahen, verständnisvoller mit ihrem Chef umzugehen. Sie versprachen, so viel Geduld wie erforderlich für ihn aufzubringen und ihn mit Aufgaben zu beschäftigen, bei denen Fehler keine Rolle spielen würden.

Gerade als Michael das Reisebüro wieder verlassen wollte, zog ihn Frau Hart, eine der ältesten Mitarbeiterinnen, in eine Ecke und sagte leise: „Ihr Vater wollte mich vor einiger Zeit überreden, ihm eine Reise nach Stalingrad zu organisieren. Aber das geht gar nicht, da kommt man als einzelner Tourist doch überhaupt nicht hin. Was will er denn dort? Er machte auf mich den Eindruck, als ob ihm diese Reise ungeheuer wichtig wäre."

„Das könnte damit zu tun haben, dass er während des Krieges nach Stalingrad beordert wurde, aber durch einen glücklichen Zufall nicht hingekommen ist."

„Ach so, es hat mit seiner Militärzeit zu tun? Das erklärt, warum er in dem Zusammenhang auch von einem Feldwebel und einem Oberleutnant sprach. Und ein Lazarett erwähnte er auch."

„Ja, darin lag er wohl einige Wochen schwerkrank, und das hat ihn davor bewahrt, nach Stalingrad zu müssen."

„Ich habe ja gar nicht geahnt, dass er so viel Schweres im Krieg erlebt hat."

„Ich auch nicht, glauben Sie mir, ich auch nicht, und ich bin sehr erschrocken darüber. Davon erzählt er erst jetzt."
„Ach, der Arme!"
„Frau Hart, Sie haben doch selbst den Krieg miterlebt. Wie ist es Ihnen denn in den Jahren ergangen?"
„Na ja, ich war ja fast noch ein Kind. Für mich war nur wichtig, dass ich mit meiner Mutter zusammen sein konnte. Wir sind damals aus Schlesien geflüchtet. Meine Mutter hat zeitlebens Heimweh nach Schlesien gehabt, aber ich fand Berlin viel aufregender als das kleine Dorf, in dem wir vorher gelebt hatten."
„Berlin war doch nach dem Krieg eine einzige Trümmerwüste."
„Das stimmt schon, aber Sie glauben ja nicht, wie spannend es für ein Kind sein konnte, zwischen den Trümmerbergen herumzuspringen. Wie ein riesiges Labyrinth, so kam es mir vor. Und es war fast eine sportliche Herausforderung, seinen Weg darin zu finden. Und manchmal fand man darin auch irgendetwas, das man noch gebrauchen konnte, ein zerfetztes Handtuch oder den Deckel einer kaputten Zuckerdose."
„Das ist aber auch eine besondere Art und Weise, die Vergangenheit zu betrachten", meinte Michael nachdenklich, „Berlin wie ein Labyrinth, und die eigene Vergangenheit vielleicht auch wie ein Irrgarten, aus dem man mühsam seinen Weg heraussuchen muss."
„Und wir alle haben unseren Weg herausgefunden aus diesem Labyrinth, der eine schneller und leichter, der andere mühevoller."
„Mein Vater scheint durch seine Krankheit plötzlich wieder in diesen Irrgarten zurückgezerrt zu werden. Und wenn ich den Arzt in Hamburg richtig verstanden habe, wird er sich schließlich vollkommen darin verlaufen und nie wieder den Rückweg in die Realität finden."
„Es tut mir so unendlich leid für euch alle". Frau Hart war voller Anteilnahme. „Aber Michael, ihr könnt euch darauf verlassen, dass ich euch jederzeit unterstützen werde."

„Danke, Frau Hart, das beruhigt mich, denn ich kann ja nicht die ganze Zeit hier sein. Meine Arbeit und meine Familie warten in Hamburg auf mich."

Kaum zu Hause angelangt, kam es erneut zu einer Meinungsverschiedenheit zwischen Michael und Elisabeth. Diesmal ging es um die Frage, wie offen mit ihrer Tochter über Herberts Krankheit gesprochen werden sollte. Elisabeth war der Auffassung, dass man Miriam die volle Wahrheit sagen müsse, Michael hielt dagegen, dafür sei sie noch zu klein. Es wäre besser, sie würde ihren Opa nur noch möglichst wenig sehen, um nicht den Respekt vor ihm zu verlieren. Elisabeth argumentierte: „Vielleicht tut ihm der Kontakt zu seiner Enkelin aber besonders gut und hilft ihm, bisherige Fähigkeiten beizubehalten."
„Du denkst dabei an Vater, aber nicht an Miriam. Möglicherweise ist es für ihre Psyche geradezu schädlich zu sehen, wie er sich verändert."
„Im Gegenteil: das ist ihre große Chance, Mitgefühl, Verständnis und Toleranz zu entwickeln. Sie wird ihren Opa genauso lieb haben wie bisher, auch wenn er sich verändert. Und um zu verhindern, dass sie dabei Schaden nimmt, wie du befürchtest, müssen wir immer wieder mit ihr über das Problem sprechen."
„Hat man mit dir, als du Kind warst, über Probleme in der Familie gesprochen?"
„Nein, und genau das habe ich ja meinen Eltern immer vorgeworfen. Selbst als mein Großvater starb, hat niemand mit Agnes und mir offen darüber geredet. Wir fühlten uns sehr ausgesperrt und allein gelassen."
„Dabei war das doch sicher von euren Eltern als Schutz gedacht."
„Vermutlich war es so gemeint, aber meines Erachtens ist das ein Schutz an der falschen Stelle."
„Und welches wäre die richtige Stelle gewesen?"
„Man hätte uns vor unseren kindlichen Phantasien und Ängs-

ten schützen können, indem man uns an der Welt der Erwachsenen hätte teilhaben lassen. Dann wären wir unseren eigenen diffusen Ängsten nicht so hilflos ausgeliefert gewesen."
Michael schüttelte den Kopf. „Die Welt der Erwachsenen, wie du es nennst, wird Miriam noch früh genug kennenlernen. Jetzt soll sie noch ganz Kind sein dürfen."
„Und Kind sein heißt für dich: von Wahrheiten ferngehalten und womöglich mit Lügen vollgestopft werden?", fragte Elisabeth empört, „hatten wir nicht kürzlich ein Gespräch darüber, wie wichtig es ist, einander reinen Wein einzuschenken?"
„Ach, mit dir kann man heute nicht vernünftig reden", schnaubte Michael und verzog sich in sein Arbeitszimmer.
„Dann rede von nun an wenigstens öfter mal mit deiner Mutter. Sie braucht jetzt unsere Anrufe mehr als früher", rief ihm Elisabeth hinterher.

Februar 1985

„Kommst du am Wochenende mit nach Berlin?", fragte Michael, „meine Mutter klang bei meinem letzten Anruf so seltsam – ich glaube, ich muss dort mal wieder nach dem Rechten sehen."
„Eigentlich haben wir für Samstag eine Einladung, darauf hatte ich mich so gefreut. Die müssen wir wohl absagen", antwortete Elisabeth.
„Du musst ja nicht mitkommen; ich kann auch alleine fahren. Aber wenn du mitkommst, wäre es mir sehr lieb, wenn du Miriam bei einer Freundin unterbringen könntest. Sie muss das Drama dort nicht miterleben."
„Natürlich komme ich mit. Und Miriam auch."
„Das halte ich nicht für klug."
„Sie wird deinen Eltern gut tun, warte es nur ab. Aber jetzt sag doch, was bei dir den Eindruck erweckt hat, deine Mutter hätte seltsam geklungen."
„Ach, das ist schwer zu sagen, sie kam mir einfach nur sehr erschöpft und mutlos vor..."
Miriam schwatzte auf der langen Autofahrt fröhlich vor sich hin. Sie freute sich auf das Wiedersehen mit ihren Großeltern, plante einen langen Spielnachmittag mit ihnen, erwähnte allerdings auch, dass man bei ihrem Opa ja ein bisschen aufpassen müsse, da er manchmal schummeln würde. Elisabeth lachte und sagte: „Ja, manches bringt er neuerdings durchein-

ander. Aber er meint es nicht böse. Sein Kopf spielt ihm manchmal einen Streich."

„Das kenne ich auch", antwortete Miriam fröhlich, „gestern Abend habe ich gedacht, ich hätte meine Puppe in ihr Bett zum Schlafen gelegt, und dabei war sie noch unten im Wohnzimmer, wo ich zuletzt mit ihr gespielt hatte."

„Na, wenn dir das auch so geht, dass du manchmal etwas zerstreut bist, dann kannst du dir ja gut vorstellen, wie es dem Opa ergeht. Nur dass bei ihm die Zerstreutheit ein wenig größer ist und leider auch nicht wieder besser werden kann."

„Bedeutet das, dass er noch viel mehr vergisst als ich?"

„Viel mehr. Und vor allem Dinge, die für dich ganz selbstverständlich sind. Zum Beispiel, welche Tageszeit wir gerade haben. Oder wie alt er ist. Das ärgert ihn dann, und dann wird er vielleicht auch manchmal zornig. Deshalb müssen wir ganz besonders freundlich zu ihm sein, sonst denkt er, wir wären böse auf ihn wegen seiner Vergesslichkeit."

„Aber wie kann ich denn böse auf ihn sein?", fragte Miriam empört, „er ist doch mein Opa, ich hab ihn doch lieb. Und wenn er mal wieder etwas vergisst, dann sage ich mir das, was ihr mir vor einiger Zeit gesagt habt: Irren ist menschlich."

„Das weißt du noch?", wunderte sich Michael, „das hatte ich doch nur so ganz am Rande gesagt, als im Herbst deine Mutter irgendetwas beim Einkaufen vergessen hatte."

„Natürlich weiß ich das noch, wenn ich auch sonst ziemlich vergesslich bin. Genau wie Mama!", rief Miriam fröhlich.

Elisabeth grinste ihren Mann an und flüsterte: „Siehst du, wie unbefangen sie mit Herberts Krankheit umgehen kann?"

„Ja, heute, aber das muss ja nicht so bleiben."

„Alter Pessimist", raunte Elisabeth und stupste ihn liebevoll an.

Als sie vor Michaels Elternhaus ankamen, öffnete sich gerade die Haustür und sein Vater trat heraus. „Was macht ihr denn hier?", fragte er erstaunt.

„Hat Mutter dir nicht gesagt, dass wir heute kommen?"
„Nein, und außerdem passt es heute gar nicht mit eurem Besuch. Wir wollen jetzt nämlich nach Dresden fahren?"
„Nach Dresden? Was wollt ihr da denn?"
„Meinen Cousin Walter besuchen."
„Ich wusste gar nicht, dass du einen Cousin namens Walter hast, Vater."
„Na, das ist doch der Sohn von meinem Onkel Hermann. Er hat auch noch eine ganze Reihe kleiner Schwestern, aber das sind alberne Backfische, mit denen habe ich nichts am Hut. Nur Walter, den muss ich unbedingt einmal wiedersehen."
„Dresden liegt in der DDR, Vater, da kannst du nicht so ohne weiteres hinfahren."
Herbert drehte sich um und rief ins Haus: „Hedwig, wo bleibst du, wir wollen los!"
Seine Frau stürzte aus der Haustür und sagte: „Herbert, du hast ja noch nicht einmal deinen Mantel an, so können wir nicht losfahren. Und außerdem ist doch gerade dein Sohn mit seiner Familie angekommen; die wollen wir doch nicht allein lassen, oder?"
„Aber morgen! Morgen müssen wir unbedingt nach Dresden, hörst du?" Hedwig nickte ergeben. Sie wirkte blass und verhärmt.
„Was hat es denn mit diesem Cousin Walter auf sich?", fragte Michael sie leise beim Hineingehen ins Haus.
„Ach", flüsterte sie ihrem Sohn ebenso leise zu, „von ihm redet dein Vater schon seit Tagen. Aber er lebt schon lange nicht mehr. Er und seine ganze Familie sind damals beim Bombenangriff auf Dresden ums Leben gekommen. Ich versuche, deinen Vater jedes Mal abzulenken, wenn er auf ihn zu sprechen kommt. Gut, dass ihr jetzt da seid. Vielleicht bringt ihn das auf andere Gedanken."
Und das war in der Tat so, wenn auch anders als erwartet. Denn kaum waren alle im Haus, lief Herbert durchs Wohnzimmer, öff-

nete die Tür zur Terrasse und rief: „Wie sieht denn der Garten bloß aus? Hier muss mal Ordnung geschaffen werden." So wie er war, in Hausschuhen und Hemd, betrat er den Rasen, steuerte auf den Schuppen mit den Gartengeräten zu und wollte gerade den Rasenmäher hervorholen, als Michael ihn aufhielt.
„Vater, es ist Februar, es liegt noch Schnee auf dem Gras. Es ist zu früh zum Rasenmähen. Komm lieber wieder ins Warme."
„Du hast mir nicht zu sagen, was ich tun soll", fuhr Herbert ihn an, „ich mähe den Rasen, wann ich will."
Hedwig war ihnen nach draußen gefolgt. „Natürlich hast du recht, Herbert, niemand will dir etwas verbieten. Aber komm bitte wieder rein. Du hattest mir doch versprochen, mir beim Staubsaugen zu helfen." Murrend drehte er sich um und folgte ihr. Michael bugsierte den Rasenmäher wieder an seinen Platz.
„Opa, du bist so lustig", sagte Miriam lachend, „Rasenmähen im Schnee – das muss ich meinen Freundinnen erzählen. Du machst tolle Witze!"
„Nichts wirst du deinen Freundinnen erzählen", fuhr Michael sie an, „das ist ganz und gar Familiensache; die muss niemand anders erfahren, hörst du?"
Miriam flüchtete sich erschrocken in die Arme ihrer Mutter. „Warum darf ich niemandem davon erzählen, wenn Opa einen Witz gemacht hat?", fragte sie leise.
„Weil es für deinen Opa kein Witz war. Er hat gemeint, es wäre tatsächlich an der Zeit, den Rasen zu mähen."
„Im Ernst?"
„Im Ernst, leider. Aber wie hast du vorhin so schön gesagt: Irren ist menschlich. Und dein Opa ist doch trotzdem ein toller Mensch, oder?"
„Na klar. Und Oma auch."
„Ja, das ist sie tatsächlich", sagte Elisabeth zu Michael gewandt, „wie geschickt sie Herbert immer wieder von seinen Ideen abzubringen versteht. Und dabei muss sie wahrscheinlich ständig hinter ihm herlaufen und kommt zu nichts eigenem."

„Kein Wunder, dass sie am Telefon so erschöpft klang", meinte Michael.
In der Tat war es schwierig für Hedwig, ihren Haushalt normal zu führen. Wenn Elisabeth nicht helfend eingegriffen hätte, stände das Abendessen noch lange nicht auf dem Tisch. Andauernd drängte sich Herbert mit seinen Ideen dazwischen. Irgendwann riss selbst Hedwigs Geduldsfaden, und sie schrie ihn an: „Kannst du mich nicht einmal zehn Minuten in Ruhe lassen?" Er wirkte sichtlich verstört und zog sich ins Schlafzimmer zurück.
Nach kurzer Zeit tauchte er, in einen dunklen Anzug gekleidet, wieder auf und sagte: „Hedwig, wir müssen los, wir haben doch Theaterkarten."
„Nein", antwortete sie betont ruhig, „das verwechselst du, wir haben erst für nächste Woche Karten." Offensichtlich war es ihr unangenehm, dass sie ihn so heftig angefahren hatte.
Doch diesmal ließ sich Herbert nicht von seinem Vorhaben abbringen. „Nein, du irrst dich, wir haben heute Karten für Macbeth." Er begann, sich Schuhe und Mantel anzuziehen.
„Nein, das stimmt nicht." Hedwigs Stimme klang jetzt gereizter. „Wir haben überhaupt keine Theaterkarten. Mit dir kann man gar nicht mehr ins Theater gehen; du kannst ja keine fünf Minuten mehr stillsitzen."
„Ich fahre jetzt ins Theater!", fauchte er und versuchte seine Schuhe zuzuschnüren, was ihm aber nicht gelang. Schließlich ließ er die Schnürbänder einfach hängen. „Wo ist denn nur der Autoschlüssel?", hörte man ihn kurz darauf murmeln. Er riss alle Schubladen auf und durchwühlte sie, sowohl im Flur als auch in der Küche und im Wohnzimmer.
Elisabeth fragte leise: „Hedwig, sind die Autoschlüssel tatsächlich verschwunden, oder hast du sie versteckt?"
„Natürlich habe ich sie versteckt. Es wäre doch eine Katastrophe, wenn er fahren würde. Als er das im Januar noch einmal versucht hat, ist er ständig zwischen allen Fahrstreifen hin-

und hergependelt, ohne in den Spiegel zu schauen. Lebensgefährlich war das. Aber er lässt leider auch mich nicht mehr fahren. Er will mich dann immer vom Fahrersitz schieben, und ich muss mir dann alles Mögliche einfallen lassen, um ihn daran zu hindern. Ach, ihr ahnt ja nicht, wie schwierig es mit ihm geworden ist."

„Das können wir uns durchaus vorstellen, Mutter", sagte Michael.

„Ja, aber ihr seid nur kurz zu Besuch hier; ihr könnt das alles bei eurer Abreise hinter euch lassen. Ich muss damit leben." Ihre Stimme klang verzweifelt und müde.

„Deshalb sind wir ja jetzt hier, um zu schauen, wie man dir dein Leben erleichtern kann. Als erstes schlage ich vor, dass du so schnell wie möglich das Reisebüro verkaufst."

„Um Himmels willen, verlang das nicht von mir, mein Junge. Meine Arbeit ist mir doch wichtig. Ich kann mir gar nicht vorstellen, sie nicht mehr ausüben zu dürfen."

„Deine Mutter hat recht", meinte Elisabeth, „gerade weil die Situation hier im Hause schwierig ist, braucht sie hin und wieder den Abstand zu ihrem Mann und sicher auch den Kontakt zu den Kollegen im Reisebüro. Nimm ihr das nicht alles auf einen Schlag."

„Genauso ist es, Elisabeth. Schön, dass du mich verstehst. Die Decke würde mir auf den Kopf fallen, wenn ich den ganzen Tag nur zu Hause sein sollte. Ab und zu mit unseren Mitarbeitern über ganz andere Dinge reden zu können, tut mir gut."

„Aber das Reisebüro ist ein Klotz am Bein für dich geworden, Mutter, es ist doch eine zusätzliche Belastung für dich."

„Wenn du mir wirklich Entlastung verschaffen willst, dann hilf mir lieber jemanden zu finden, der hier bei deinem Vater bleibt, während ich im Reisebüro bin."

„Warum willst du ihn nicht mehr dabei haben? Du hast ihn bisher doch noch jeden Tag mitgenommen?"

„Es ist nicht mehr zumutbar für die Leute. Ständig mischt er

sich in Kundengespräche ein, kritisiert unsere besten Mitarbeiter und vor allem: er läuft von einem Raum in den nächsten und verbreitet eine furchtbare Unruhe. Dabei kann doch kein Mensch konzentriert arbeiten. Lieber wäre es mir, ich wüsste ihn hier gut aufgehoben und kann beruhigt meiner Arbeit im Büro nachgehen."
„Na gut, wie du willst. Dann setzen wir eben eine Anzeige in die Zeitung und suchen für, sagen wir… zweimal die Woche eine Betreuung für ihn."
„Gibt es nicht vielleicht auch eine Selbsthilfegruppe für Alzheimerkranke und ihre Angehörigen?", erkundigte sich Elisabeth, „da findet man vielleicht doch auch Unterstützung."
„Darauf hat mich schon meine Apothekerin hingewiesen", erklärte Hedwig, „sie hat mir auch eine Broschüre mitgegeben mit Informationen über die Krankheit. Da steht zum Beispiel, dass man dem Erkrankten auf gar keinen Fall widersprechen soll, wenn er etwas behauptet, was gar nicht stimmen kann. Aber glaubt mir, das ist unerhört schwer. Vor allem, wenn er meint, sich wieder in den Kriegs-und Nachkriegsjahren zu befinden. Und das ist ja ausgerechnet die Epoche in unserem Leben, an die ich am allerwenigsten erinnert werden möchte."
Sie schien einen Moment zu zögern, ehe sie mit stockender Stimme fortfuhr: „Damals nach dem Krieg ist mir körperliche Gewalt angetan worden. Aber was Herbert mir jetzt antut, das ist für mich heftigste seelische Gewalt. Immer wieder zerrt er mich damit in die Erinnerung an das schlimmste Ereignis in meinem Leben, und dann durchlebe ich die schrecklichen Stunden von damals aufs Neue. Dann sehe ich mich wieder unter dem ekelhaften Mann liegen und fühle mich so hilflos und ausgeliefert. Und jetzt bringt mich Herberts Verhalten dazu, dass ich mich wieder vollkommen hilflos und ausgeliefert fühle." Sie begann zu schluchzen.
In dem Moment tauchte Herbert wieder auf, nach wie vor in Hut und Mantel, in seinen Händen ein altes Fotoalbum, das

er offensichtlich bei seiner Suche nach dem Autoschlüssel gefunden hatte. Er setzte sich damit in seinen Sessel und blätterte versonnen in dem Album herum. Mit einem Male wirkte er ruhig und entspannt und nicht mehr so gehetzt wie vorher. „Mutter, schau nur", flüsterte Elisabeth, „wie zufrieden er jetzt aussieht. Vielleicht tut es ihm gut, sich alte Fotos anzusehen. Gib ihm doch öfter mal ein Fotoalbum in die Hand."
„Ja, tatsächlich, so ruhig habe ich ihn schon lange nicht mehr erlebt." Sie zog ein Taschentuch hervor und trocknete sich die Tränen aus dem Gesicht. Eine Weile herrschte Schweigen im Raum.
„Wie ist es eigentlich nachts mit ihm?", fragte Michael dann.
„Schlimm, ganz schlimm. Er geht früh schlafen, denn er ist ja irgendwann richtig erschöpft von seinen Eskapaden. Dann kann ich endlich einmal im Haus aufräumen oder in Ruhe telefonieren. Irgendwann gehe ich auch schlafen, aber spätestens nach drei Stunden ist er wieder wach und hat neue Pläne. Entweder wache ich dann auch auf, oder er geistert alleine durchs Haus. Ich verschließe schon immer die Haustür und ziehe den Schlüssel ab, nachdem er neulich bei Nacht und Nebel mal wieder einen Spaziergang unternommen hat. Mir graut vor dem Tag oder der Nacht, wenn es ihm gelingt, abzuhauen und er dann den Rückweg nicht mehr findet. Wenn er dann verdreckt und verstört irgendwo von der Polizei aufgegriffen und hier abgeliefert würde, das wäre mir schrecklich peinlich."
„Mutter, das muss dir nicht peinlich sein; schließlich ist er ein kranker Mann."
„Ja, aber es würde doch bedeuten, dass ich nicht gut genug auf ihn aufgepasst habe."
„Im Grunde muss man ihn einsperren wie ein kleines Kind", meinte Michael.
Elisabeth widersprach ihm heftig: „Du kannst deinen Vater nicht wie ein Kind behandeln; er ist ja trotz allem ein erwachsener Mann. Und auch ein kleines Kind sperrt man heutzutage nicht mehr ein."

„Doch, wenn es seinem eigenen Schutz dient, dann durchaus", erwiderte Michael heftig, „und meinen Vater muss man inzwischen auch vor sich selbst schützen. Er ist doch nicht mehr klar im Kopf."
„Und wer beschützt deine Mutter vor Überforderung und Überlastung?" Auch Elisabeths Tonfall wurde lauter. Dann zwang sie sich zur Besonnenheit und versuchte einzulenken: „Statt dass wir gemeinsam an Lösungen arbeiten, fangen wir an zu streiten – das ist doch nicht in Ordnung!"
„Da kann man mal sehen, wie die Krankheit eines einzelnen Familienmitglieds, das sehr durcheinander ist, alle anderen auch durcheinander bringt. Als ob Alzheimer ansteckend ist", sagte Hedwig traurig.
„Aber es darf uns nicht so durcheinander bringen, dass es uns auseinander bringt. Es ist doch als Familie unsere gemeinsame Aufgabe, jetzt nach Erleichterungen zu suchen."
„Ach Elisabeth", Michael sah sie ein wenig herablassend an, „du kannst immer so klug daherreden, aber Lösungen weißt du auch nicht."
„Nein, heute nicht mehr. Es ist schließlich schon spät. Ich bringe jetzt Miriam ins Bett. Und morgen hänge ich mich ans Telefon und versuche, Hilfe für deine Mutter zu finden."
Als Miriam im Bett lag, in Michaels ehemaligem Jugendzimmer, das jetzt Gästezimmer hieß, sagte sie nachdenklich: „Mama, ich glaube, Opa hat einen alten Spiegel im Kopf."
„Wie kommst du denn darauf?"
„Papa hat doch vorhin gesagt, Opa ist nicht mehr klar im Kopf. Und du hast mir mal die Flecken auf deinem alten Spiegel gezeigt und hast gesagt, das sind blinde Flecken; deshalb sieht man manches nicht mehr klar im Spiegel sondern anders, als es in Wirklichkeit ist. Ja, und Opa ist auch blind für vieles. Er sieht manchmal auch die Welt anders, als sie in Wirklichkeit ist. Also muss er doch einen alten Spiegel im Kopf haben, mit blinden Flecken darauf."

Elisabeth staunte. „Da hast du eine wirklich gute Erklärung für das Verhalten von Opa gefunden. So habe ich das bisher noch nie betrachtet. Das werde ich nachher Papa und Oma erzählen, was du mir eben für eine kluge Erkenntnis mitgeteilt hast. Aber jetzt schlaf gut. Und träum etwas Schönes."
„Gute Nacht, Mami."
Elisabeth war gerade auf der Treppe nach unten, als sie ein lautes Rufen aus dem Keller hörte. „Hedwig, wo ist meine Uniform?", tönte es von dort. „Ich muss wieder los, an die Front. Fritz wartet auf mich. Hedwig, hast du etwa meine Uniform versteckt? Und du, warum bist du nicht im Luftschutzkeller? Hast du nicht die Sirene gehört? Es ist Bombenalarm. Los, komm endlich runter in den Keller!"
„Du hast ja recht, ich komme schon", war Hedwigs Stimme zu hören.
Elisabeth schüttelte den Kopf. Meine Schwiegermutter hat es wirklich nicht leicht, dachte sie, und wie geschickt sie sich auf Herberts Gedankenwelt einstellt – ich könnte das nicht; ich würde öfter widersprechen.
Als die drei am Sonntagnachmittag wieder abreisten, hatten sie zumindest einige Informationen erhalten. Von einer Diakoniestation war ihnen eine Selbsthilfegruppe für Angehörige von Demenzerkrankten genannt worden, und eine Mitarbeiterin eines Pflegedienstes hatte versprochen, sich für sie nach einer privaten Betreuung zu erkundigen. Außerdem war ihnen nahe gelegt worden, Herbert an zwei oder drei Tagen in der Woche in eine Tagespflegeeinrichtung zu bringen. Das hatte Hedwig allerdings zunächst abgelehnt. Sie konnte sich nicht vorstellen, dass er sich auf eine ihm unbekannte Umgebung einlassen würde.
Kurz nachdem sie Berlin verlassen hatten, schlief Miriam ein. Sie hatte immer wieder den Gesprächen der Erwachsenen gelauscht und Elisabeth mit Fragen durchlöchert. Das veränderte Wesen ihres Großvaters schien sie nicht so sehr zu verstören

wie das ungewohnte Aufbrausen ihres Vaters, wenn es zu Meinungsverschiedenheiten mit ihrer Mutter kam.

„Ist es dir eigentlich schon einmal aufgefallen, dass wir in letzter Zeit immer zu streiten anfangen, wenn das Gespräch auf deinen Vater kommt?", fragte Elisabeth.

„Ja, weil du immer alles besser weißt", antwortete Michael gereizt.

„Nein, weil du dich nicht von deinem Standpunkt lösen kannst, egal, um was es sich gerade dreht."

„Deine Argumente sind auch selten einleuchtend."

„Wir wollen doch beide nur das Beste für deine Eltern."

„Aber offensichtlich haben wir sehr unterschiedliche Auffassungen von dem, was für die beiden das Beste ist. Du musst mir zubilligen, Elisabeth, dass ich die beiden schon sehr viel länger kenne als du und damit vielleicht besser beurteilen kann, was in dieser Situation das Richtige für sie ist."

„Aber so ganz ohne Lebenserfahrung bin ich ja auch nicht. Ich habe schließlich selber Eltern und kann mich in deren Generation hineinversetzen."

„Deine Eltern sind, bis auf ein paar Alterswehwehchen, komplett gesund. Wie du reagieren würdest, wenn einer von den beiden dement wäre, kannst du jetzt noch gar nicht sagen", schoss es aufgebracht aus ihm heraus.

„Da hast du recht. Aber ich wäre dann hoffentlich nicht so halsstarrig wie du, der als einzige Entlastung für deine Mutter immer nur vom Verkauf des Reisebüros redet", sagte Elisabeth nun auch giftig, „stell dir vor, ich wäre schwer krank, und man würde von dir verlangen, deinen Beruf aufzugeben. Das würdest du doch auch nicht wollen."

„Die Sache mit dem Reisebüro habe ich erst einmal abgehakt, wie du vielleicht bemerkt haben dürftest", bemerkte Michael mit sarkastischem Unterton, „obwohl es natürlich gerade in dieser Situation hilfreich wäre, wenn meine Mutter dadurch zu ausreichend Geld käme, um eine private Pflegerin einstellen zu können."

Elisabeth lachte, aber sie klang nicht fröhlich dabei: „Glaubst du im Ernst, das würde dein Vater akzeptieren? Er ist doch völlig auf seine Frau fixiert."
„Und das müssen wir ihm abgewöhnen."
„Wie willst du einem dementen Menschen, der mehr in der Vergangenheit lebt als in der Gegenwart, etwas Neues beibringen? Das ist doch illusorisch!" Michael schwieg, und sie fügte etwas ruhiger hinzu: „Was das Geld betrifft: wenn es für deine Mutter knapp wird, werden wir doch wohl einspringen, oder?"
„An dem Punkt sind wir uns endlich einmal einig", gab Michael zu.
„Übrigens hat Miriam eine phantastische Erklärung für das veränderte Verhalten deines Vaters gefunden."
„So? Welche denn?"
„Sie hat gehört, dass du gesagt hast, er sei nicht mehr klar im Kopf. Und jetzt vergleicht sie seinen Kopf mit dem alten Spiegel, den wir im Schlafzimmer hängen haben. So wie der an manchen Stellen blind und nicht mehr klar ist und deshalb manches nicht korrekt widerspiegelt, so hat Herbert auch blinde Flecken, die ihm ein falsches Bild von der Realität vermitteln. Ist das nicht eine genial einfache, aber logische Erklärung? Für ein Kind erstaunlich weise."
„Darüber muss ich nachdenken", sagte Michael. Schweigend saßen sie die nächsten Stunden bis zu ihrer Ankunft in Hamburg nebeneinander.

März 1985

„Papa, findet der Osterhase eigentlich auch den Weg nach Dänemark?", fragte Miriam eines Abends.
„Wie meinst du das?"
„Na, du hast doch zu Weihnachten gesagt, wir würden Ostern in Dänemark feiern. Du hattest auch erzählt, du hättest schon ein Ferienhaus gemietet, ganz einsam, mitten in den Dünen. Aber wie sollen wir denn Ostern feiern, wenn der Osterhase den Weg in die Dünen nicht findet und uns keine Ostereier bringen kann?"
„Tja, das ist eine berechtigte Frage", sagte Elisabeth, „was meinst du dazu, Michael?"
„Wollt ihr wirklich hören, was ich dazu meine? Ich denke, wir können gar nicht nach Dänemark fahren. Wie soll uns dort meine Mutter erreichen, wenn etwas mit Vater passiert?"
„Aber wir haben doch das Ferienhaus schon gebucht und bezahlt."
„Dann wird es eben wieder abbestellt, auch wenn uns das etwas kostet."
„Michael", wandte Elisabeth ein, „wir haben den Urlaub bitter nötig. Und Miriam hat sich schon so darauf gefreut."
„Darauf können wir jetzt keine Rücksicht nehmen. Stell dir vor, es passiert irgendetwas Schlimmes mit meinen Eltern und sie können uns nicht anrufen, weil das Ferienhaus keinen

Telefonanschluss hat. Ein Telegramm schicken klappt wahrscheinlich auch nicht, weil kein dänischer Postbeamter in die Einsamkeit der Dünen hinausfahren wird."

„Dann bleibt nur eines: einmal am Tag muss jemand von uns ins nächste Dorf fahren und dort von einer Telefonzelle aus bei deinen Eltern anrufen."

„Das ist mir zu unsicher. Wir sagen unseren Urlaub ab." An Miriam gewandt, die dem Gespräch mit großen Augen gefolgt war, sagte er: „Dann können wir auch sicher sein, dass der Osterhase den Weg zu uns findet."

„Ich will aber nach Dänemark", entgegnete sie mit weinerlicher Stimme, „du hast gesagt, das Haus steht ganz dicht am Strand, und da kann man Muscheln sammeln. Und sogar Bernstein."

„Hör auf zu quengeln." Michaels Stimme klang heftig.

„Ich finde nicht, dass sie quengelt", widersprach Elisabeth, „sie versucht nur, uns an etwas zu erinnern, das wir ihr versprochen haben. Und ehe du die ganze Sache absagst, sollten erst einmal wir beide uns darüber einig werden. Meine Zustimmung hast du jedenfalls noch nicht."

„Für mich ist die Entscheidung gefallen", sagte Michael laut und stand auf.

Miriam schluchzte leise. „Ich möchte so gerne nach Dänemark. Und warum schreit Papa uns an?"

Elisabeth nahm sie in den Arm. „Er hat Angst um Oma und Opa", sagte sie, „und wenn jemand Angst hat, dann wird er manchmal ungerecht. Ich werde noch einmal mit ihm reden. Vielleicht überlegt er es sich doch noch einmal."

Wie immer, wenn ihr etwas auf der Seele lag, rief sie ihre Schwester Agnes an. Seitdem die beiden während ihres Studiums in Kiel in einer gemeinsamen Wohnung gelebt hatten, war ihr Verhältnis besonders eng und vertrauensvoll geworden. Während ihrer Kindheit hatte Elisabeth sich von Agnes als der Älteren oft bevormundet und kritisiert gefühlt; inzwischen wusste sie die Ratschläge ihrer Schwester sehr zu schätzen.

„Wo ist das Problem?", fragte Agnes, als Elisabeth ihr von der Auseinandersetzung mit Michael erzählt hatte, „das Nächstliegende ist doch, dass ihr mit Hedwig darüber redet, ob ihr den Urlaub absagen sollt oder nicht. Wenn Hedwig meint, sie könne damit leben, dass ihr eine Woche lang nicht erreichbar seid, dann fahrt ihr. Und wenn es ihr genau wie Michael zu unsicher ist, dann fahrt ihr nicht nach Dänemark, und du kommst stattdessen mit Miriam über die Ostertage zu mir nach Kiel. So wie ich Hedwig kenne, würde sie euch niemals an einer Ferienreise hindern – dazu ist sie zu bescheiden."

„Ach Agnes, bei dir klingt immer alles so einfach."

„Und du machst es dir manchmal unnötig schwer. Du musst dich jetzt nur noch mit Michael einigen, wer von euch beiden dieses Gespräch mit Hedwig führt. Ich würde dir raten, dass du das übernimmst. Denn wenn Michael mit ihr spricht, lässt er sicher gleich zu Beginn durchblicken, dass er lieber nicht fahren möchte, und damit hat Hedwig dann keine freie Wahl mehr."

„Und wie soll ich Michael dazu kriegen, dass er mir das Gespräch mit seiner Mutter überlässt?

Agnes lachte: „Du bist doch eine erwachsene Frau. Weißt du immer noch nicht, wie man einen Mann von einer eigenen Idee überzeugt? Und dabei so tut, als ob es sein Einfall gewesen wäre?"

„Du bist ja eine richtig raffinierte Hexe, Agnes!", rief Elisabeth scheinbar empört aus. Aber wahrscheinlich hatte Agnes recht: manchmal muss man diplomatisch geschickt vorgehen, wenn man etwas erreichen will. Also ging sie in den Keller, holte einen guten Rotwein hervor und begab sich, mit Korkenzieher, Flasche und zwei Gläsern bewaffnet, in Michaels Arbeitszimmer. „Wärst du so lieb, mir diese Flasche zu öffnen?", fragte sie

und appellierte damit unterschwellig an seine männliche Hilfsbereitschaft. „Und vielleicht magst du ja auch ein Glas mittrinken?"
„Ich wollte ja noch diese Akte durchsehen, aber eigentlich bin ich zu müde dafür. Ein Glas Wein wäre jetzt gar nicht schlecht", sagte Michael gähnend.
Nach dem zweiten Glas brachte Elisabeth vorsichtig das Gespräch noch einmal auf den geplanten Dänemarkurlaub. „Du, bei deiner Sorge geht es dir im Grunde doch um deine Mutter. Vielleicht sollten wir sie ernst nehmen und ihre Meinung dazu einholen, ob wir guten Gewissens wegfahren können oder nicht. Ist es dir recht, wenn ich sie morgen früh anrufe und das mit ihr bespreche?" Michael nickte. Jetzt war er wirklich zu müde, um noch Einwände zu äußern.

Wie Agnes vermutet hatte, stimmte Hedwig selbstverständlich den Urlaubsplänen ihres Sohnes und seiner Familie zu. „Ihr habt euren Urlaub bestimmt nötig", sagte sie, „und was soll in den paar Tagen schon passieren? Ich werde mit Herbert zurechtkommen – das muss ich doch schon so lange. Ihr könnt ja zwischendurch einmal anrufen, wenn es euch beruhigt."
„Das werden wir tun, aber du musst uns dann auch ganz ehrlich sagen, ob wir den Urlaub abbrechen und nach Berlin kommen sollen."
„Dafür wird es sicher keine Veranlassung geben. Fahrt ruhig und genießt die Zeit!"
„Das werden wir tun; danke für dein Verständnis."
„Übrigens hat sich dank der Vermittlung durch einen Pflegedienst eine sehr nette Frau gemeldet, die bereit ist, dreimal in der Woche bei Herbert zu bleiben, damit ich weggehen kann. Beim ersten Mal werde ich für alle Fälle noch im Haus bleiben, damit er sich an sie gewöhnen kann. Auch bezüglich der Bezahlung haben wir uns geeinigt."

„Das klingt ja wunderbar", meinte Elisabeth und teilte Michael diese Neuigkeiten mit. „Jetzt können wir wirklich beruhigt wegfahren", schloss sie, und Michael stimmte ihr zu.

April 1985

„Ostereier hinter Strandgras und Sanddornbüschen verstecken – das habe ich ja noch nie getan", sagte Elisabeth lachend, „zwischen Krokussen und Schneeglöckchen, das kam schon öfter vor, und bei schlechtem Wetter auch mal im Haus hinter Kissen und Vasen, aber dieses Osterfest wird mir als etwas ganz Besonderes in Erinnerung bleiben."
„Mir auch", meinte Michael und grinste sie schelmisch an, „und das hat nichts mit Ostern oder Ostereiern zu tun, sondern mit dem extrem schmalen Bett, in dem wir hier schlafen. Da fällt einem, ob man will oder nicht, immer etwas von deinem wunderbaren Körper in die Hände."
„Und du kannst dich dann gar nicht dagegen wehren, etwas davon festzuhalten, stimmt's?" Sie gab ihm einen Kuss.
Eine Stunde später sprang Miriam vergnügt herum und fand blitzschnell alle Eier, die Elisabeth so sorgsam versteckt hatte.
„Nächstes Jahr muss der Osterhase sich aber mehr Mühe geben beim Verstecken, das war ja viel zu einfach für dich", meinte Michael schmunzelnd.
„Aber er hat gewusst, dass ich dieses Jahr in Dänemark bin", sagte Miriam zufrieden.
Michael wandte sich an Elisabeth. „Ich fahre mal eben ins Dorf zur Telefonzelle, rufe meine Eltern an und wünsche ihnen auch

Frohe Ostern. Ihr kommt doch eine Stunde ohne mich zurecht, oder?"
„Ja, gute Idee. Und grüß herzlich von uns", antwortete sie.

Michael wirkte sehr niedergeschlagen, als er zurückkam. „Die Stimmung meiner Mutter war nicht besonders gut", erzählte er, „die Frau, die sie engagiert hatte, um auf meinen Vater aufzupassen, eine gewisse Frau Schmidt, stellte sich als Russlanddeutsche heraus, natürlich mit dem entsprechenden Akzent. Zu Beginn hat mein Vater sie wohl noch akzeptiert, weil er dachte, es wäre eine neue Putzfrau, und nach Aussagen meiner Mutter war sie wohl auch wirklich nett. Aber als er dann zum ersten Mal mit ihr allein war, hat er sie nicht wiedererkannt und wollte sie vor die Tür setzen. Da hat sie versucht, beruhigend auf ihn einzureden, natürlich in ihrem Dialekt, und er hat gefragt: Du Russkaya? Daraufhin hat sie ein paar Worte auf Russisch zu ihm gesagt, weil sie dachte, er könne russisch sprechen, und da ist er völlig ausgeflippt. Er hat sie angeschrien: Du Russkaya, du Feind, du weg! Und er ist sogar noch handgreiflich geworden. Sie hat meine Mutter angerufen und gesagt, sie würde keine Minute länger im Haus bleiben. Ja, und jetzt ist Mutter wieder ohne Hilfe."
„Das tut mir für sie wirklich sehr leid, aber ich fürchte, aus der Ferne können wir ihr auch nicht helfen."
Michael dachte lange nach und schlug dann vor: „Lass uns unseren Urlaub zwei Tage früher beenden und nach Berlin fahren. Ich merke, dass ich mich hier nicht mehr gut entspannen kann. Und Miriam hat jetzt ein paar Tage in Dänemark gehabt und merkt es vielleicht gar nicht, wenn wir früher als geplant abreisen."
„Ich kann es gut verstehen, wenn du hier keine Ruhe mehr hast, Michael. Aber trotzdem finde ich, wir sollten offen mit Miriam darüber reden. Sie ist verständiger, als man denkt. Wenn wir es ihr richtig erklären, wird sie sicher begreifen, warum wir früher abreisen."

„Warum muss sie das verstehen? Wir als ihre Eltern entscheiden das, und sie hat das zu akzeptieren. Wir fahren übermorgen ab, und fertig!"
„Lass mich trotzdem mit ihr reden."
„Tu, was du nicht lassen kannst", grummelte Michael.
Elisabeth ging vors Haus, wo ihre Tochter in der warmen Frühjahrssonne mit Muscheln und Steinen spielte, und sagte: „Miriam, der Oma geht es nicht so gut. Meinst du, wir könnten ihr etwas schenken?"
„Na klar. Was wollen wir ihr denn schenken?"
„Ich dachte, wir schenken ihr zwei Tage, die wir mit ihr in Berlin verbringen."
„Ist gut."
„Das sind dann zwei Tage, die wir hier abgeben, damit wir sie der Oma schenken können. Das wäre doch in Ordnung, oder? Wir haben hier ein paar sehr schöne Tage gehabt, sogar mit Ostereiern. Wir würden es kaum merken, wenn wir etwas weniger Zeit in Dänemark hätten."
„Na gut. Aber nur, wenn wir bald wieder herkommen."
„Das kann ich zwar für die nächste Zeit nicht zusagen, aber versuchen werden wir es in jedem Fall."
„Versprochen?"
„Indianerehrenwort!"

Zwei Tage später standen sie wieder einmal in Berlin vor Michaels Elternhaus. Er hatte telefonisch angekündigt, dass sie heute kommen würden, aber niemand war zu Hause. Zum Glück hatte Michael einen Schlüssel, so dass sie nicht im Freien warten mussten. Eine Stunde später tauchten seine Eltern auf, beide völlig aufgelöst. Hedwig sank in einen Sessel und sagte: „Jetzt brauche ich erst mal einen Schnaps. Ich weiß nicht, ob ich lachen oder weinen soll."
„Um Himmels willen, was ist denn passiert?", fragte Elisabeth.
„Ich war mit Herbert einkaufen. Er brauchte unbedingt mal

wieder ein paar neue Hosen und Hemden. Seitdem seine Hände so zitterig geworden sind, bekleckert er sich oft beim Essen. Ja, und dann waren wir im Kaufhaus; ich hatte für ihn eine Hose zum Anprobieren ausgesucht und war mit ihm in eine Umkleidekabine gegangen. Er hat ganz brav seine Hose ausgezogen, aber dann hat er die Hose, die ich ihm ausgesucht hatte, in die Ecke geworfen und gesagt, ein Soldat wie er würde nur Uniformhosen tragen, und die würde er jetzt selber suchen. Ja, und dann ist er, so wie er war, in Socken und Unterhosen, quer durch den ganzen Laden gelaufen. Ihr hättet mal die Gesichter der Leute sehen sollen. Wenn es nicht so schrecklich peinlich gewesen wäre, hätte ich gerne laut gelacht."
„Und wie hast du ihn dann wieder einfangen können?"
„Ich habe dem Verkäufer erklärt, dass Herbert dement ist und manchmal nicht weiß, was er tut. Daraufhin ist der auch hinter ihm hergelaufen und hat ihn aufhalten können. Herbert habe ich erklärt, dass seine Uniformhose in der Reinigung ist und er vorübergehend eine andere Hose anziehen müsse. Das hat er hingenommen. Aber er hat wohl begriffen, dass er etwas Verkehrtes gemacht hat, denn im Moment ist er mal wieder besonders durcheinander." Sie machte eine nachdenkliche Pause. „Ich glaube, das war das allererste Mal, dass ich einem Fremden gegenüber das Wort ‚dement' gebraucht habe. Und jetzt, nachdem ich es ausgesprochen habe, ist es unabänderliche Realität geworden. Vorher hatte ich immer noch gehofft, dass sein Zustand wieder besser wird." Sie seufzte. „Was ich viel schlimmer finde, ist jedoch, dass ich keine feste Betreuung mehr für ihn habe. Also muss ich wieder anfangen, unsere Putzfrau zu bitten, länger zu bleiben, oder jemanden von den Nachbarn fragen, ob er gelegentlich bei Herbert bleibt, wenn ich weg muss."
„Wie hast du es denn bisher geregelt?"
„Manchmal habe ich ihn mit ins Geschäft genommen, und da hat er alte Akten zum Sortieren in die Hand bekommen. Aber er läuft ständig herum und hindert die anderen an der Arbeit."

„Gibt es denn in eurem Freundeskreis niemanden, den du um Hilfe bitten könntest?"
„Doch, Frau Hart ist vor kurzem einen ganzen Nachmittag hier gewesen, weil ich zum Zahnarzt musste. Und einer der Nachbarn, Herr Eichler, vielleicht kannst du dich an ihn erinnern, Michael, der hat ganz von sich aus angeboten, einmal in der Woche etwas mit ihm zu unternehmen. Und obwohl Herbert doch so misstrauisch geworden ist – von Herrn Eichler lässt er sich gerne beschäftigen. Manchmal gucken sie zusammen Bildbände über Amerika oder Australien an, bei gutem Wetter laufen sie stundenlang draußen herum, ohne viel miteinander zu reden, und wenn Herbert einen klaren Tag hat, können sie auch zusammen Schach spielen. Herr Eichler ist mir eine große Hilfe – ich bin ihm sehr dankbar. Aber Frau Hart mag ich nicht so oft fragen; sie arbeitet doch noch voll im Reisebüro und hat dann noch ihren eigenen Haushalt zu erledigen. Außerdem ist sie nicht mehr die Jüngste und auch nicht ganz gesund."
„Sie hat es aber ausdrücklich angeboten, dir zu helfen, Mutter. Das hat sie wirklich ernst gemeint. Du musst allmählich lernen, um Hilfe zu bitten und sie auch anzunehmen."
Hedwig seufzte. „Das ist eine schwierige Lektion für mich."
„Zumal für eine so selbstbewusste, unabhängige Geschäftsfrau wie dich."
„Das hat Herr Eichler mir auch vor ein paar Tagen gesagt. Ich müsse lernen, meine eigenen Grenzen zu erkennen."
Michael überlegte. „Wenn ich mich richtig erinnere, ist Herr Eichler doch der blonde ältere Herr, der früher immer mit seinem Dackel durch die Gegend marschiert ist."
„Ja, genau, und seitdem der Dackel nicht mehr lebt, braucht er eine andere Beschäftigung, hat er mir erzählt. Am besten einen anderen Kumpel, mit dem er spazieren gehen kann. Er behält auch die Ruhe, wenn Herbert mal wieder mit seinen Kriegsgeschichten anfängt."
„Kommt das denn immer noch so oft vor?"

„Es wird immer schrecklicher. Manchmal scheint er den ganzen Tag lang im Krieg zu leben. Er kommandiert unsichtbare Gefreite herum, unterhält sich mit seinem Kameraden Fritz, und das Schlimmste: Er ist nach wie vor voller Schuldgefühle, dass er damals nicht mit nach Stalingrad gekommen ist. Wenn er daran denkt, weint er stundenlang und lässt sich kaum beruhigen. So, jetzt ist aber genug gejammert; jetzt mache ich euch das Gästezimmer fertig."

„Das ist doch kein Jammern, Mutter", sagte Elisabeth liebevoll, „du hast nur deinem Herzen etwas Luft gemacht, und das steht dir ja wohl auch zu. So viel Schweres, wie du im Moment tragen musst!"

„Ich habe ein ganz schlechtes Gewissen", sagte Michael, „dass ich euch so wenig unterstützen kann. Es wäre alles viel einfacher, wenn ihr in unserer Nähe wohnen würdet."

„Mein lieber Junge, da muss ich wohl alleine durch."

„Das finde ich nicht. Ich mache mir große Vorwürfe, dass ich bisher so wenig für dich getan habe, und ich habe mir vorgenommen, das in Zukunft zu ändern."

Eliesabeth wollte ihn gerade fragen, wie er sich das denn vorstellte, als ein lauter Schrei im Haus erscholl. „Der Feind kommt, versteckt euch!" schrie Herbert und lief mit angstverzerrtem Gesicht und auf wackeligen Beinen durch den Raum. „Die Russen kommen, die Russen!" Hektisch rannte er umher, offensichtlich auf der Suche nach einem Versteck. Schließlich ging er, ganz außer Atem, mühsam in die Hocke und versuchte, auf allen Vieren hinter einen Sessel zu kriechen.

Elisabeth und Michael waren wie erstarrt, nur Miriam nicht. „Opa, spielen wir jetzt Verstecken?", rief sie erfreut. Sie krabbelte ebenfalls hinter den Sessel, kuschelte sich an ihren Großvater und strahlte. Sie hatte den Ernst der Situation offensichtlich nicht erfasst, aber als sie so unbefangen neben ihm saß, wurde sein Atem allmählich ruhiger und sein Gesicht entspannter.

Nach etlichen Minuten stand Miriam auf, ging zu ihrer Oma und sagte: „Ich glaube, Opa hat schon wieder die Regeln von dem Spiel nicht verstanden. Verstecken spielen geht doch ganz anders. Da hat er mal wieder einen blinden Flecken in seinem Spiegel gehabt. Aber es war total gemütlich da unten bei ihm auf dem Fußboden."
Hedwig drückte sie an sich und begann zu weinen. „Kind, du bist ein Goldschatz", schluchzte sie, „dir gelingt es, was sonst keiner von uns Erwachsenen kann, den Opa wieder zu beruhigen."
Herbert blickte sie alle verwundert an und versuchte, auf die Beine zu kommen. Michael lief zu ihm und half ihm hoch. „Na, das ist ja noch mal gut gegangen", sagte Herbert, „habt ihr gesehen, die Panzer sind im letzten Moment abgedreht." Er ließ sich sichtlich erschöpft in den Sessel fallen, griff zu seinem Fotoalbum und vertiefte sich in die alten Aufnahmen von seinen Kriegskameraden. Manchmal murmelte er vor sich hin, nannte Namen und sogar Jahreszahlen, von denen niemand wusste, was er damit verband.
„Mutter, so geht das nicht weiter", sagte Michael energisch, „so kannst du nicht weiterleben. Vater muss weg, in ein Heim oder ins Krankenhaus. Du gehst ja zugrunde dabei."
„Mein Junge, ich habe vor vielen Jahren vorm Traualtar versprochen, bei ihm zu bleiben, in guten wie in schweren Zeiten, und dieses Versprechen werde ich halten, solange ich lebe. Ich habe die guten Zeiten mit deinem Vater zusammen genossen, den Aufbau des Reisebüros, unseren geschäftlichen Erfolg, die gemeinsamen Reisen – und jetzt sind eben die schweren Zeiten dran. Wer das eine annimmt, muss auch das andere akzeptieren. Das Leben besteht nicht nur aus sonnigen Tagen." Michael schüttelte den Kopf. „Und außerdem", fügte sie hinzu, „hat er mich trotz der seelischen Krise, in der ich mich nach dem Krieg befand, all die Jahre umsorgt und zu mir gestanden, obwohl ich es ihm weiß Gott nicht immer leicht gemacht habe. Jetzt bin ich es ihm schuldig, zu ihm zu halten."

Ein schlechtes Gewissen und Schuldgefühle – darum dreht es sich immer wieder in dieser Familie, dachte Elisabeth, und mir ist das bisher noch nie aufgefallen. Sie flüsterte Michael zu: „Lass sie. Sie wird es selber sagen, wenn sie Hilfe braucht."
„Nein, ich kenne sie besser. Sie wird es nicht sagen. Sie wird sich aufopfern bis zum Umfallen. Und wenn sie erst krank wird, kann sie ihm auch nicht mehr helfen. Guck dir doch an, wie dünn und blass sie geworden ist."
In der folgenden Nacht wurden beide durch lauten Gesang geweckt. Herbert stand oben an der Treppe und sang aus vollem Halse: „Wenn die Soldaten durch die Stadt marschieren, öffnen die Mädchen die Fenster und die Türen."
Hedwig stand neben ihm und sagte immer wieder: „Sei ruhig, Herbert, du weckst ja das ganze Haus auf."
Er erwiderte barsch: „Ich muss üben. Ich darf die Lieder nicht vergessen. Schließlich bin ich Unteroffizier und muss den Einsatz für den Gesang geben." Und wieder begann er: „Ein Lied, zwo drei!"
Michael stand auf, fasste ihn am Arm und sagte: „Papa, du gehst jetzt sofort wieder ins Bett! Es ist mitten in der Nacht, deine Frau braucht ihren Schlaf und wir auch."
„Das ist Wehrkraftzersetzung!," brüllte Herbert ihn an, „Soldat, dafür gibt es Arrest. Abtreten, sofort!"
„Vater, du bist nicht mehr beim Militär. Du bist auch kein Unteroffizier mehr, und ich bin nicht dein Untergebener, den du herumkommandieren kannst; sieh das doch endlich ein." Herbert wurde puterrot im Gesicht, sein Atem ging stoßweise.
Hedwig trat dazwischen und wisperte ängstlich: „Du darfst ihn nicht provozieren, sonst regt er sich so sehr auf, dass er noch einen Herzinfarkt bekommt." Und zu Herbert gewandt sagte sie: „Der Feind ist ganz in der Nähe; wir sollten lieber still sein, damit wir nicht entdeckt werden." Herbert sah sie mit großen Augen an, drehte sich dann aber um und ging bereitwillig ins Schlafzimmer zurück.

„Mutter, du wirst dich doch wohl nicht auf seine verrückte Gedankenwelt einlassen und dieses alberne Kriegsspiel auch noch mitmachen?"
„Wenn das die einzige Möglichkeit ist, ihn zu beruhigen, dann tue ich das."
Michael stöhnte. „Hier wird ja alles immer verrückter", murmelte er, „nicht nur, dass mein Vater durchdreht – jetzt tickt meine eigene Mutter auch nicht mehr richtig!" Kopfschüttelnd ging auch er wieder zu Bett.
Elisabeth nahm ihre Schwiegermutter in den Arm und sagte: „Ich ziehe den Hut vor dir. Du machst das bewundernswert!"

Am nächsten Morgen blätterte Elisabeth gedankenverloren in der Zeitung, die ihre Schwiegereltern abonniert hatten. Plötzlich rief sie: „Ich habe es doch schon länger vermutet, und hier steht es nunmehr schwarz auf weiß."
„Was steht da?", fragte Michael.
„Hier ist ein Artikel von einem Wissenschaftler der Berliner Universität, der sich mit Alzheimer befasst. Seine Forschungen haben ergeben, dass es einen klaren Zusammenhang zwischen unverarbeiteten Kriegserlebnissen und Demenz gibt."
„Das hilft uns jetzt auch nicht weiter", murrte Michael, „der Mann soll lieber erforschen, wie man die Krankheit heilen kann."
„Natürlich hilft uns diese Erkenntnis nicht direkt weiter, aber es könnte zumindest erklären, warum dein Vater jetzt im Zusammenhang mit seiner Demenz immer alte Kriegsgeschichten hervorholt", gab Elisabeth zu bedenken, „und vielleicht gibt es ja doch einen Weg, ihm zu verdeutlichen, dass der Krieg vorbei ist und er vor nichts mehr Angst haben muss."
„Und wie willst du das machen? Willst du für ihn persönlich eine Zeitung drucken lassen, auf deren Titelseite steht: ‚Der Krieg ist vorüber – wir haben gesiegt!'?"
„Du, das ist vielleicht gar keine schlechte Idee. Oder wir finden

jemanden, der noch eine Generalsuniform im Schrank hat und der ihm sozusagen als Oberbefehlshaber verkündet, dass der Krieg aus ist."

„Elisabeth, du bist verrückt. Selbst wenn das funktionieren sollte, ist doch damit seine Demenz nicht geheilt. Dann denkt er sich in Zukunft andere verrückte Dinge aus."

„Aber er wird vielleicht den Schrecken, die Angst und vor allem seine Schuldgefühle los."

„Wenn das alles so einfach wäre, hätten andere es längst ausprobiert. Schluss mit dem Thema. Lass uns heute lieber noch einmal Kontakt zu einem Pflegedienst aufnehmen, damit Mutter wieder regelmäßig jemanden zu ihrer Entlastung bekommt."

„Gut, aber trotzdem sollten wir über das Thema später noch einmal reden." Elisabeth gab nicht nach.

„Sei doch nicht immer so hartnäckig!"

„Doch, so bin ich nun einmal. Und so hast du mich geheiratet."

Mai 1985

Wieder einmal nahm Elisabeth ihren alten Trick zu Hilfe, mit einer Flasche Wein, Korkenzieher und Gläsern in Michaels Arbeitszimmer aufzutauchen, um ein schwieriges Thema mit ihm zu besprechen. „Die ständigen Wochenendfahrten nach Berlin, die vielen Stunden auf der Autobahn, die misstrauischen Blicke der Volkspolizisten an der DDR-Grenze – das alles macht mich fix und fertig", eröffnete sie ihm nach dem zweiten Glas Wein, „ich verstehe ja, dass du dich um deine Eltern sorgst und deine Mutter unterstützen möchtest. Aber zum einen frage ich mich, ob es nicht eher eine Belastung für sie ist, wenn wir andauernd auftauchen und dann auch noch ihre Aufmerksamkeit beanspruchen. Zum anderen haben wir selber ja kaum noch ein gemeinsames Familienleben. Es bleibt so vieles liegen, was wir früher an den Wochenenden erledigt haben: Haus- und Gartenarbeit, unser privater Schreibkram, uns mit Miriam beschäftigen, Verabredungen mit Freunden... das drängt sich zur Zeit alles in die Abende an den Wochentagen, damit wir an jedem Freitagnachmittag nach Berlin fahren können. Unser Leben ist furchtbar hektisch geworden. Sogar Miriams Geburtstag haben wir diesmal kaum gefeiert, nur ein kleines Kaffeetrinken mit ihren drei Freundinnen. Mich belastet das alles sehr. Dich doch sicher auch, oder?"

Zu ihrem Leidwesen gelang es ihr diesmal nicht, Michaels Zustimmung zu finden. „Hör mal, es sind schließlich meine Eltern; sie haben mich großgezogen und mir ein Studium finanziert. Da bin ich es ihnen schuldig, mich im Gegenzug jetzt um sie zu kümmern. Ich kann sie doch nicht einfach im Stich lassen."
„Von im Stich lassen ist keine Rede. Aber wir müssen ein vernünftiges Gleichgewicht zwischen deren Situation und unserem eigenen Leben finden. Und für mich ist dieses Gleichgewicht gerade sehr aus den Fugen geraten."
„Das ist doch nur vorübergehend. Irgendwann kommen auch wieder andere Zeiten."
„Und wann? Wenn deine Eltern tot sind?" Elisabeth schwieg erschrocken. So heftig hatte sie nicht reagieren wollen.
Michael sah sie böse an. „Du wartest also auf den baldigen Tod meiner Eltern, damit wir wieder unser eigenes Leben haben?"
„Nein, um Himmels willen, so habe ich das doch nicht gemeint. Ich wollte nur wissen, was du damit meinst, wenn du sagst, dies sei nur vorübergehend."
„Tja, wenn du die regelmäßigen Fahrten zu deinen Schwiegereltern zu anstrengend findest, dann bleiben ja nur noch zwei andere Möglichkeiten."
„Und die wären?"
„Entweder holen wir meine Eltern nach Hamburg, oder wir ziehen nach Berlin."
„Ich kann mir nicht vorstellen, dass deine Eltern ihr Zuhause in Berlin aufgeben. Dort haben sie die allermeisten Jahre ihres Lebens verbracht, und da haben sie nach wie vor gute Bekannte, die sie sicher nicht verlieren wollen. Und dass wir nach Berlin ziehen, das kommt für mich überhaupt nicht in Frage."
„So, und warum nicht?", fragte Michael barsch, „mir kommt dieser Gedanke mittlerweile gar nicht mehr so abwegig vor."
„Wir haben hier unser Leben aufgebaut, unsere Kanzlei, unseren Freundeskreis, Miriams Freundinnen – alles, was uns wichtig ist."

„Das kann man sich genauso gut auch in Berlin wieder aufbauen."
„Michael, bitte erwarte darauf heute von mir keine Antwort. In mir sträubt sich alles gegen diesen Gedanken."
„Warum musst du immer alles nur von deinem Standpunkt aus sehen? Ich beschäftige mich schon länger mit diesem Thema."
„Ach, und warum hast du mich nicht in deine Überlegungen eingeweiht? Solch eine Entscheidung betrifft uns alle, darüber müssen wir doch gemeinsam reden."
„Ich hatte nicht den Eindruck, dass du für meine Überlegungen aufgeschlossen bist. Du klammerst dich nur an das Gewohnte und kannst dich gar nicht für neue Gedanken öffnen."
„Das stimmt doch gar nicht!", rief sie empört aus.
„Natürlich stimmt es. Es ist uns beiden doch schon lange klar, dass du ein sehr rückwärtsgewandter Mensch bist. Jede Neuerung löst bei dir zunächst Protest aus."
Es verschlug Elisabeth die Sprache. Sollte er mit seinen Vorwürfen tatsächlich recht haben? Sie hatte sich als junges Mädchen viel mit ihrer familiären Vergangenheit beschäftigt, hatte sich ja auch immer noch nicht von dem alten morschen Schrank trennen können, der in ihrem allerersten Kinderzimmer gestanden hatte und von dem sie damals gemeint hatte, er könne singen. Aber ihr deshalb mangelnde Offenheit für Neues vorzuwerfen – das war hart. „Du bist ungerecht", stieß sie hervor und verließ das Zimmer.
„Nein, ich versuche nur, ein guter Sohn zu sein!", rief er ihr hinterher.

„Agnes, hast du einen Moment Zeit, ich würde gerne mit dir etwas besprechen?", fragte Elisabeth einige Tage darauf am Telefon.
„Natürlich, schieß los. Aber sag mir vorher noch, wie es in Berlin bei deinen Schwiegereltern aussieht."
„Das genau ist der Grund meines Anrufes. Also zunächst ein-

mal: es wird immer schwieriger mit Herbert. Hedwig hatte mehrfach Angebote von netten, verständnisvollen Frauen, die bereit waren, auf ihn aufzupassen, wenn sie selbst im Geschäft ist. Aber keine der Frauen hat es lange bei ihm ausgehalten; er hat sie alle verschreckt mit seinen Kriegsgeschichten, seiner Aggressivität und seiner Sturheit."

„Warum denn auch nur Frauen? Käme er nicht vielleicht mit einem Mann besser zurecht?"

„Das scheint so zu sein. Es gibt einen Nachbarn, ungefähr in seinem Alter, der sich jede Woche einen ganzen Nachmittag lang mit ihm beschäftig, und den akzeptiert er. Aber der hat so viele Hobbies, den mag Hedwig nicht andauernd fragen. Und auf ihre Annoncen und Anfragen bei Pflegediensten haben sich bisher immer nur Frauen gemeldet." Elisabeth holte tief Luft: „Was mich in letzter Zeit aber besonders bewegt, ist ein Artikel, den ich gelesen habe über den Zusammenhang von unverarbeiteten Kriegstraumata und Demenz. Was denkst du darüber?"

„Hm, bisher habe ich noch nie darüber nachgedacht, aber das Thema ist sicherlich mehr als einen Gedanken wert."

„Es ist ja bei Herbert sehr auffallend, dass Erlebnisse und Erfahrungen, die er während seiner Militärzeit gemacht hat, immer wieder auftauchen. Und ich habe mir gedacht: genauso wie ein alternder Körper schwächer und weniger widerstandsfähiger wird, so wird vielleicht auch die Psyche eines älteren Menschen schwächer gegenüber verdrängten Erlebnissen und kann das Verdrängte nicht mehr im Zaum halten. Der Mensch hat quasi weniger Widerstandskraft gegen das Überflutetwerden durch uralte Erinnerungen."

„Eine interessante Theorie. Stand die in dem Artikel, den du gelesen hast?"

„Nein, das ist mein eigener Erklärungsversuch. In dem Artikel stand nur, dass ein Berliner Forscher einen Zusammenhang vermutet zwischen verdrängten Kriegserlebnissen und De-

menz. Ich habe das in etwa so verstanden: je mehr seelische Kraft man aufgewendet hat, um seine traumatischen Kriegserlebnisse zu verdrängen, desto größer ist die Gefahr, im Alter dement zu werden. Es geht nicht darum, wie schrecklich diese Erlebnisse waren; jeder Mensch hat ja seinen eigenen Maßstab, was für ihn furchtbar ist. Der eine fühlt sich schon durch einen kläffenden kleinen Köter bedroht und reagiert panisch; der andere bleibt sogar im Bombenhagel gelassen. Der entscheidende Punkt ist, wie du mit deinen Erinnerungen an furchtbare Erlebnisse, vor allem während des Krieges, umgegangen bist. Je weniger du dich mit ihnen auseinandergesetzt und sie bearbeitet hast, desto wahrscheinlicher stellt sich im Alter die Demenz ein. Das Verdrängen kostet die Psyche so viel Kraft, dass im Alter keine seelische Kraft mehr vorhanden ist. So habe ich jedenfalls die Behauptung dieses Wissenschaftlers verstanden. Elisabeth schwieg einen Augenblick, dann sagte sie: „Ich weiß nicht, ob ich mich klar genug ausgedrückt habe und du mich verstanden hast."
„Doch, doch, durchaus. Das würde im Umkehrschluss bedeuten: ein ganz schreckliches Ereignis in deinem Leben muss nicht zur Demenz führen, wenn es dir gelingt, es entsprechend zu verarbeiten, anstatt es zu verdrängen. Das Verdrängen ist also das, was demnach die Demenz auslöst."
„Sehr vereinfacht gesagt: Ja."
Beide schwiegen einen Moment. Dann sagte Agnes: „Deine Theorie erklärt dann auch, warum unsere Eltern, trotz ihrer zum Teil nicht ganz einfachen Erlebnisse während des Dritten Reiches, dennoch nach wie vor klar im Kopf sind, da sie die Vergangenheit nicht verdrängt haben."
„Genau! Und Michaels Eltern, die nach 1945 von alledem nichts mehr wissen wollten, haben damit die Grundlage für Herberts Demenz gelegt."
„Aber dann erkläre mir doch bitte, warum Herbert davon betroffen ist und Hedwig, die ja genauso wenig wie er später über

ihre Kriegsjahre gesprochen hat, immer noch ihre fünf Sinne beisammen hat."

„Ach, Agnes, ich weiß es doch nicht. Vielleicht ist sie noch zu jung dafür, und es bricht bei ihr erst in ein paar Jahren aus. Oder bei Herbert kommt noch eine genetische Veranlagung dazu. Deshalb habe ich ja auch dich angerufen, um darüber reden zu können. Michael will von alledem nichts hören. Er besteht nur darauf, dass wir andauernd nach Berlin fahren. Wenn es nach ihm ginge, dann am liebsten jedes Wochenende. Aber da habe ich gestreikt. Das wird mir und auch Miriam einfach zu anstrengend. Außerdem leiden unsere freundschaftlichen Kontakte darunter. Wir haben ja kaum noch Zeit, uns mit unseren Freunden zu verabreden."

„Dann muss er eben alleine fahren. Und was das andere betrifft, den Zusammenhang von verdrängten Kriegserlebnissen und Demenz, da werde ich mich mal mit Hilfe von Fachliteratur schlau machen."

„Danke, Agnes, ich wusste, dass du mich nicht auslachen würdest, wenn ich mit solch einer ungewöhnlichen Theorie daherkomme."

„Du weißt doch, kleine Schwester, ich lache dich nur aus, wenn, du mal wieder ein singendes Möbelstück anschleppst."

Juni 1985

„Also, wie ist es", fragte Michael, „kommst du nun am nächsten Wochenende mit nach Berlin oder nicht?"
„Nein, bei dem tollen Wetter setze ich mich nicht stundenlang ins Auto und stehe dann im Stau auf der Autobahn", sagte Elisabeth mit fester Stimme, „ich werde mich um den Garten kümmern, denn das Unkraut wächst uns allmählich über den Kopf. Und am Sonntag werde ich mit Miriam einen Ausflug zu Planten un Blomen unternehmen; das hat sie sich schon so lange gewünscht."
„Wie du meinst", brummte Michael sichtlich verstimmt und verschwand in seinem Arbeitszimmer.
Am Freitagnachmittag setzte er sich ins Auto, ohne sich von Frau und Tochter zu verabschieden und fuhr davon. Elisabeth wunderte sich. Das wird sich wieder einrenken, wenn er wieder zu Hause ist, dachte sie. Dann stürzte sie sich mit Feuereifer in die Gartenarbeit. Am Abend war sie müde aber zufrieden.
Am Samstagmorgen regnete es in Strömen. Dann wird es heute wohl nichts mit dem geplanten Rasenmähen, dachte sie. Zu Miriam sagte sie: „Lass uns ins Möbelhaus fahren; vielleicht finden wir ja einen Schreibtisch für dein Kinderzimmer. Wenn du nach den Sommerferien in die Schule kommst, wirst du einen brauchen. Und jetzt kannst du schon zum Malen und Basteln daran sitzen."

Miriam war begeistert von der Idee, erwiderte dann aber: „Papa wollte doch mit dabei sein, wenn wir einen Schreibtisch aussuchen. Er sagt immer, von Holz versteht er mehr als du."
„Ja, das ist zwar richtig, aber bis Papa dafür endlich einmal Zeit findet, bist du längst in der Schule", antwortete Elisabeth und lachte.
Die beiden bummelten vergnügt durch das Möbelhaus. Sie setzten sich spaßeshalber in verschiedene Sessel, legten sich in die ausgestellten Betten und probierten Schreibtischstühle aus. Um die Mittagszeit setzten sie sich ins Restaurant und aßen Spaghetti, ein Gericht, das Michael nicht sehr schätzte und das deshalb zu Hause nur auf den Tisch kam, wenn er nicht da war. Schließlich fanden sie auch einen passenden Schreibtisch samt Stuhl für Miriam und gaben die Bestellung dafür an der Kasse auf. Den Stuhl nahmen sie gleich mit, der Schreibtisch sollte in der kommenden Woche geliefert werden.
Als sie gerade das Möbelhaus verlassen wollten, fiel Elisabeths Blick auf ein leuchtendrotes Ledersofa in einem Ausstellungsraum. Mit strahlenden Augen zog sie Miriam zu dem Sofa und setzte sich mit ihr darauf. „So ein Sofa habe ich mir schon immer gewünscht", sagte sie begeistert zu ihrer Tochter, die schon fröhlich auf den Polstern herumhopste, „darauf will ich stundenlang sitzen, wenn ich irgendwann alt bin und nicht mehr arbeiten muss, und dann möchte ich alle die Bücher lesen, zu denen ich bisher noch keine Zeit gehabt habe. Und ich möchte alle meine Enkelkinder darauf versammeln und ihnen von Pippi Langstrumpf vorlesen."
„Mama, du hast doch gar keine Enkelkinder", kicherte Miriam.
„Noch nicht, aber du bekommst hoffentlich ganz viele Kinder, wenn du groß bist, und das sind dann meine Enkelkinder. Mindestens fünf will ich haben."
„Du hast ja selbst keine fünf Kinder", kam es von Miriam schlagfertig zurück, und sie kicherte noch mehr.
„Nein", seufzte Elisabeth, „dafür finde ich einfach keine Zeit.

Aber ich habe ja dich, mein Schatz, und jetzt gehe ich los, bestelle dieses Sofa für uns, und dann fahren wir nach Hause, damit ich dir auf unserem alten Sofa etwas vorlesen kann."
Als Michael spät am Sonntagabend aus Berlin zurückkehrte, sagte sie zu ihm: „Du, ich habe eine Überraschung für uns. Sie wird aber erst am nächsten Donnerstag geliefert."
„Hast du da irgendetwas hinter meinem Rücken angezettelt?", fragte er.
„Warte ab. Es wird dir sicher gefallen."
Leider täuschte sie sich. Michael war alles andere als begeistert über das rote Ledersofa, im Gegenteil, er geriet regelrecht in Zorn. „Wie kommst du dazu, ohne mich zu fragen, solch eine teure Anschaffung zu tätigen!", brüllte er, „außerdem: wie sieht das denn aus? Dieses grellrote Stück neben unseren alten wertvollen Bücherschränken? So ein modernes Möbel zwischen unseren Antiquitäten – das ist doch ein echter Stilbruch. Jetzt kann man niemanden mehr in unser Wohnzimmer lassen. Ein wenig mehr Geschmack hätte ich dir zugetraut."
„Setz dich doch erst einmal hinein, dann wirst du merken, wie gemütlich man darin sitzt."
„Das ist mir egal, wie man darin sitzt; es passt einfach nicht hierher."
„Und das ist ein Grund, mich so anzuschreien?"
„Ja, und es gibt noch einen Grund: ich wäre gerne dabei gewesen, als ihr für Miriam einen Schreibtisch ausgesucht habt. Aber mich wolltet ihr offensichtlich nicht dabei haben. Komme ich überhaupt noch in eurem Leben vor?"
„Jetzt übertreibst du maßlos. Könnte es sein, dass deine Nerven gerade äußerst blank liegen wegen der Sache mit deinen Eltern?"
„So, als Sache betrachtest du das also. Meine Eltern tragen ein schweres Schicksal, und du redest davon, als ob es nur irgendeine Sache ist. Sind sie in deinen Augen vielleicht auch nur so etwas wie deine Mandanten, deren Fall du möglichst schnell abarbeiten möchtest?"

„Michael, jetzt hör doch bitte auf, jedes meiner Worte auf die Goldwaage zu legen. Nein, das Schicksal deiner Eltern ist keine Sache für mich, wie du behauptest, sondern geht mir durchaus sehr nahe. Aber wir haben schließlich auch noch ein eigenes Leben. Und da du ja kaum noch zu Hause bist, habe ich mir die Freiheit herausgenommen, unser Zuhause an einer einzigen Stelle nach meinem Geschmack zu verändern."

„Sag doch gleich, dass du mich hier im Grunde gar nicht mehr brauchst."

„So ein Quatsch! Aber wenn dir das Sofa nicht gefällt, dann stelle ich es in mein Arbeitszimmer, und im Wohnzimmer bleibt das alte. Bist du jetzt zufrieden?"

„Nein", sagte er wütend, „es geht dir doch gar nicht um das Sofa, sondern um viel mehr. Um unsere Beziehung nämlich."

„Die scheint in der Tat gerade sehr angeknackst zu sein", gab Elisabeth zornig zurück, und er konterte genauso zornig: „Weil du mich immer stärker aus deinem Leben herauswirfst."

„Wer wirft hier wen heraus? Du selbst bist derjenige, der aus unserem Familienleben aussteigt."

In dieser Nacht fand sie keine Ruhe. Zu viel ging ihr durch den Kopf. Hatte Michael etwa recht damit, dass ihr spontaner Kauf des Sofas etwas mit ihrer Beziehung zu tun hatte? Dass sie ihn in wichtige Entscheidungen nicht mehr einbeziehen wollte? Vielleicht hatte er ihre Weigerung, jedes Wochenende mit nach Berlin zu fahren, nicht nur als Desinteresse am Schicksal seiner Eltern, sondern auch an seinen eigenen Wünschen aufgefasst? Wenn das so war, dann sollte sie schleunigst an ihrer Beziehung zu ihm arbeiten, ihm öfter einmal signalisieren, wie wichtig er ihr war.

Sie bemühte sich in den folgenden Tagen, verstärkt auf ihn einzugehen, sich nach seiner Arbeit zu erkundigen, ihn mit gutem Essen und viel Zärtlichkeit zu verwöhnen, aber seine abweisende Haltung ihr gegenüber verschwand nicht.

Selbst Miriam spürte, dass zwischen ihren Eltern eine gewisse

Kälte herrschte, die sie sich jedoch nicht erklären konnte. Allerdings nahm sie wahr, dass er Elisabeth gegenüber einen schärferen Tonfall als früher an den Tag legte. Als Reaktion wagte sie kaum noch, das Wort an ihren Vater zu richten und ging ihm aus dem Wege, aus Angst, ebenfalls heftig angefahren zu werden.
Eines Abends fragte Elisabeth: „Michael, wie sieht es denn in diesem Jahr mit unserem Sommerurlaub aus? Wäre es nicht allmählich an der Zeit, sich darüber zu unterhalten? Ende August wird Miriam eingeschult, dann können wir nicht mehr wegfahren."
„Ich habe mir bereits Gedanken darüber gemacht. Und falls du sie ausnahmsweise einmal hören möchtest: Ich plane meinen Sommerurlaub in Berlin bei meinem Vater zu verbringen, damit meine Mutter mal ein paar Tage wegfahren kann. Wenn du und Miriam mitkommen wollt, würde sich mein Vater sicher freuen."
„Und du, würdest du dich auch freuen?"
„Natürlich würde ich das", murmelte Michael, aber sein Gesicht sah bei diesen Worten wenig erfreut aus.
„Traust du dir denn die Betreuung deines Vaters zu?"
„Ich weiß, dass es nicht einfach sein wird, aber irgendwie muss meine Mutter ja endlich entlastet werden. Und es wird ihr gut tun, einmal auf ganz andere Gedanken zu kommen. Sie überlegt, ob sie einige Tage an die Ostsee fährt."
Elisabeth schluckte. Sie hatte sich selber einen Familienurlaub an der See, eventuell wieder in Dänemark, vorgestellt. Stattdessen im heißen Berlin zu sein und sich ausschließlich mit ihrem Schwiegervater zu befassen, schien ihr keine schöne Aussicht. Aber Michael hatte sicher recht, seine Mutter hatte eine Auszeit verdient. Und wenn sie einen Beitrag dazu leisten konnten, wäre es egoistisch, sich dem zu entziehen. Also stimmte sie zu, im Juli zwei Wochen in Berlin zu verbringen.

Juli 1985

„Schau mal, Herbert, Michael ist wieder zu Besuch gekommen. Und Elisabeth und Miriam auch", rief Hedwig ihrem Mann zu, der in sich zusammengesunken in einem Sessel saß.
Herbert blickte erstaunt hoch. „Ich kenne keine Elisabeth", erwiderte er, eine tiefe Falte auf der Stirn.
„Siehst du, das kommt dabei heraus, wenn du dich wochenlang hier nicht blicken lässt", flüsterte Michael Elisabeth zu.
„Er wird sich schon wieder an mich gewöhnen", gab sie zurück.
Miriam kletterte zu Herbert auf den Schoß und rief fröhlich: „Hallo Opa, hast du mich vermisst?"
Er streichelte ihr unbeholfen übers Haar und sagte nach einigem Zögern: „Miriam, meine Kleine."
„Ich bin gar nicht mehr klein, Opa, ich bin schon ganz groß. Guck mal, sooo groß." Sie sprang herunter und reckte sich. „Bald komme ich in die Schule. Dann lerne ich Lesen und Schreiben und kann dir jeden Tag einen Brief schreiben." Er lächelte.
„Siehst du, Miriam hat er erkannt, obwohl sie auch längere Zeit nicht hier war", sagte Elisabeth zu Michael.
„Sie ist ja auch sein einziges Enkelkind, das hat sich ihm besonders eingeprägt."
Und ich bin seine einzige Schwiegertochter, dachte Elisabeth, sagte aber nichts.

„Schön, dass ihr da seid", meinte Hedwig, „und dass ihr sogar bereit seid, hier einzuhüten, damit ich mal weg kann, dafür werde ich euch ewig dankbar sein."

„Es wird dir sicher gut tun, dir vom Seewind den Kopf frei pusten zu lassen", sagte Elisabeth.

„Das wird es bestimmt. Ich freue mich schon sehr auf die Tage an der Ostsee. Herbert macht euch hoffentlich nicht allzu viele Probleme. Jeden Morgen und jeden Abend kommt jetzt eine Schwester vom Pflegedienst, das ist eine große Hilfe."

„Und die akzeptiert er?"

„Ja, Schwester Hannelore hat sich mit viel Charme und Einfühlungsvermögen regelrecht in sein Herz eingeschlichen. Er lässt sich von ihr ohne Probleme waschen und anziehen, und manchmal höre ich sogar, dass sie zusammen lachen."

Elisabeth blickte zu Herbert, der inzwischen wieder in einem Fotoalbum blätterte. „Mir kommt es so vor, als ob er sich sehr verändert hätte, seitdem ich ihn zum letzten Male gesehen habe", sagte sie, „er ist so dünn geworden. Und so passiv."

„Ja, das ist leider so. Unser Hausarzt sagt auch, die Krankheit würde ungewöhnlich schnell voranschreiten bei ihm. Erklären kann sich der Arzt das auch nicht. Das einzig Gute daran ist, dass er nicht mehr wegläuft. Er bewegt sich ohnehin kaum noch."

Das fiel Elisabeth auch kurz danach auf. Herbert hob beim Gehen kaum noch die Füße an; er schlurfte förmlich daher. Auch Miriam bemerkte das. „Opa, du latschst", sagte sie vorwurfsvoll, „und latschen soll man nicht; das macht die Schuhe kaputt, sagt Mama immer."

„Und ich sage dir, dein Opa ist ein alter Mann, und alte Leute dürfen das", fuhr Michael sie an.

„Du wirkst so gereizt", sprach Hedwig ihn an, „bist du vielleicht nervös, weil dir die Aufgabe, ein paar Tage ohne mich mit deinem Vater zu verbringen, Kopfschmerzen bereitet?"

„Ach was, das wird schon gut gehen", meinte er, aber es klang nicht überzeugend.
„Ich habe euch eine Liste geschrieben, worauf man bei ihm achten muss. Und welche Medikamente er bekommt. Und natürlich die Telefonnummer unseres Hausarztes und von Schwester Hannelore. Wichtig ist, dass er genügend trinkt und dass er regelmäßig zur Toilette gebracht wird. Manchmal merkt er das selber nicht mehr. Ach ja, und am Mittwochnachmittag kommt Herr Eichler. Sie unternehmen zwar keine Spaziergänge mehr miteinander, aber sie schauen zusammen Bildbände von unseren Reisen an, Italien, Kanada – alles, was dort im Regal steht."
„Nicht alles auf einmal, bitte, Mutter, mir schwirrt jetzt schon der Kopf."
„Entschuldige, mein Junge, morgen bin ich ja selber noch da, um euch alles zu zeigen."
Sie rannte herum, ordnete hier etwas, packte dort etwas ein. Michael sah ihr beunruhigt hinterher. Am liebsten hätte er sie gebeten, sich doch wenigstens für einige Minuten zu ihm zu setzen, aber er spürte ihre innere Unruhe und mochte ihr in Nichts hineinreden. Allerdings bestand er darauf, für alle am Abend Pizza zu besorgen, in der Hoffnung, seine schmal gewordene Mutter zum Essen ermuntern zu können.
Sie aß zunächst auch mit großem Appetit, während Elisabeth ihrem Schwiegervater die Pizza klein schnitt, sprang aber bald schon wieder auf und sagte: „Herbert hat seine Abendtabletten noch nicht bekommen. Und wenn nachher Schwester Hannelore kommt und ihn wäscht, dann muss ein frischer Schlafanzug für ihn bereit liegen. Und die Waschmaschine ist fertig, ich muss die Wäsche noch aufhängen. Herbert braucht so viel Unterwäsche. Und seine Hemden sind auch dauernd schmutzig."
„Kannst du eigentlich auch noch an dich selbst denken?", fragte Michael.

„Natürlich, sonst würde ich ja nicht wegfahren."
„Ja, aber im Alltag würde dir ein wenig mehr Gelassenheit auch gut tun."
„Das sagst du so, mein Junge. Irgendwie muss der Laden hier doch laufen."
Zu Elisabeth meinte er: „Das scheint wohl zwangsläufig so zu sein bei alten Ehepaaren: wenn sich einer der beiden stark verändert, verändert sich der Partner auch."
„Das ist doch bei uns schon genauso", antwortete sie, „seitdem du in letzter Zeit so gereizt bist, kann ich mich auch nicht mehr richtig entspannen."
„War das jetzt etwa ein Vorwurf?"
„Nein, ich habe dir nur meinen Eindruck mitgeteilt. Und ich wäre froh und glücklich, wenn alles wieder so wie früher wäre."
„Wie früher kann es aber nicht wieder sein", antwortete er, „dazu hat sich zu viel verändert, bei meinen Eltern und bei mir."
„Wie kommt es nur, dass du dich von dem, was hier vor sich geht, so stark beeinflussen lässt?" sinnierte Elisabeth, „früher hast du doch auch eine vernünftige Distanz zu deinen Eltern wahren können. Als deine Mutter vor einigen Jahren ihre Unterleibsoperation hatte und sogar die Frage im Raum stand, ob es sich wohl um Krebs handelte, da hast du dir nicht so viele Gedanken gemacht. Was ist diesmal anders?"
„Ich weiß es nicht", brummte er und verließ den Raum.
Elisabeth blieb gedankenverloren zurück. Ich habe eine Vermutung, schoss es ihr durch den Kopf, es muss etwas mit alten und neuen Schuldgefühlen zu tun haben. Als ob er sich Vorwürfe macht, dass er seine Mutter nicht vor einem großen Unheil bewahren konnte und das jetzt wiedergutmachen will, indem er sich für sie aufopfert. Beinahe so etwas wie eine Art Ödipuskomplex: einerseits total eng mit seiner Mutter verbunden und andererseits voller Scham und Schuldgefühlen ihr gegenüber. Sie seufzte und dachte selbstkritisch: Das alles kann

ich niemandem erzählen; es ist ja reine Hausfrauenpsychologie, ohne Sinn und Verstand.

Am Tage darauf stöhnte Hedwig: „Je näher meine Abreise rückt, desto unwohler wird mir bei dem Gedanken, euch mit Herbert alleine zu lassen. Ich werde gar keine Ruhe haben, wenn ich mehrere Tage und Nächte weg bin. So lange ohne ihn zu sein, das kenne ich schon gar nicht mehr."
„Ich glaube, du bist inzwischen in eine Art Mutterrolle ihm gegenüber geschlüpft", gab Elisabeth zu bedenken, „und als Mutter fällt es einem zunächst ja auch schwer, ein kleines Kind anderen Menschen anzuvertrauen. Aber du musst jetzt wirklich einmal an dich selber denken. Und du solltest dich mal ausschlafen. Hast du in letzter Zeit in den Spiegel geschaut? Du hast schon ganz dunkle Ringe unter den Augen." Und du bist ganz nervös und hektisch geworden, dachte sie, ohne es auszusprechen.
„Der Unterschied zwischen Herbert und einem kleinen Kind ist der", sagte Hedwig, „dass man bei einem Kind weiß: es kann alles nur leichter und besser werden. Bei Herbert weiß man: es wird alles immer schwieriger. Aber ich darf mich nicht beklagen; ich habe ihn immer noch bei mir. Schlimmer wäre es, wenn er gar nicht mehr da wäre."
„Ist er denn eigentlich noch da?", fragte Michael, „das ist im Grunde gar nicht mehr mein Vater und dein Ehemann. Guck ihn dir doch einmal richtig an – sein Wesen ist ja völlig verändert. Er ist nicht mehr er selber; seine Persönlichkeit hat sich aufgelöst."
„Und das ist für mich das Allerschlimmste an der Situation", sagte Hedwig und begann zu weinen, „sein verändertes Wesen. Wenn ich ihm eine Frage stelle, dann antwortet er mir manchmal nicht mehr, sondern wiederholt meine Frage wortwörtlich. Manchmal kommt es mir so vor, als ob ich einen fremden Mann versorge. Es macht mich verrückt, diese Fremd-

heit zwischen uns, und ich frage mich, ob ich nicht langsam auch verrückt werde."

„Nein", wandte Elisabeth ein und streichelte ihr über den Arm, „nicht du bist verrückt, sondern die Situation ist verrückt. Da hat sich etwas Fremdes in euer Leben eingeschlichen, und du kannst nichts anderes tun, als dich jeden Tag wieder auf etwas Neues einzulassen."

„So muss es ihm selbst auch gehen", überlegte Michael, „je fremder die Welt für ihn wird, je weniger er sich darin zurechtfindet, desto schwerer wird es auch für ihn."

Wie zum Beweis seiner Worte hörte man soeben aus dem Flur ein lautes Geschrei. „Wer sind Sie? Hauen Sie ab! Kommen Sie mir bloß nicht näher!" Alle liefen in den Flur. Da stand Herbert mit hoch erhobener Faust vor dem Garderobenspiegel und schrie sein eigenes Spiegelbild an. „Sie wollen mir drohen? Sie alter Mann? Dann schlage ich zurück!" Und in dem Moment schlug er auch schon zu, mitten hinein in das Glas des Spiegels. „Meine Güte, er hat sich selbst nicht erkannt!", rief Elisabeth erschrocken.

Herbert drehte sich um. „Jetzt ist er verschwunden", sagte er, „dem habe ich es aber gezeigt. Einfach so hier einzudringen!" Dass seine Hand blutete, schien er nicht zu bemerken.

„Oh Gott, Herbert, was hast du gemacht?" schrie Hedwig.

„Ich habe ihn vertrieben", antwortete er zufrieden.

Sie lief los und kehrte mit einem Handtuch zurück, das sie um seine verletzte rechte Hand wickelte. „Michael, du musst uns zum Arzt bringen", bat sie aufgeregt.

Während sich Michael mit seinen Eltern auf die Fahrt ins nächstgelegene Krankenhaus begab, fegte Elisabeth die Scherben zusammen und versuchte Miriam zu beruhigen.

„Muss Opa jetzt sterben?", fragte die Kleine weinend.

„Nein, er hat sich doch nur an der Hand geschnitten."

„Aber es hat so doll geblutet."

„Das werden die Ärzte im Krankenhaus wieder hinkriegen.

Bestimmt bekommt Opa einen dicken Verband um die Hand, und wir müssen ihn vielleicht füttern, weil er dann nicht mehr selber essen kann."

„Darf ich ihn dann auch mal füttern? So wie ich meine Puppen füttere?" Miriams Neugier war geweckt. „Oder wie ich bei Hagenbeck die Ziegen gefüttert habe, mit rohen Möhren und altem Brot."

Elisabeth lachte gequält. „Vielleicht hätte ich nicht das Wort Füttern gebrauchen sollen. Lass uns lieber sagen: ihm beim Essen helfen. Schließlich ist er keine Puppe und keine Ziege."

„Aber warum hat Opa denn den Spiegel kaputt gemacht? Der hat ihm doch nichts getan."

„Opa hat im Spiegel sein Gesicht gesehen, aber er hat in dem Moment nicht begriffen, dass es sein eigenes Gesicht war. Er hat es für ein fremdes gehalten, vielleicht von einem Einbrecher."

„Wie kann man das denn verwechseln?" Miriam lachte schon wieder.

„Du weißt doch, manchmal spielt ihm sein Kopf einen Streich, und dann versteht er vieles nicht."

„Ein Opa, der Streiche spielt, so etwas haben meine Freundinnen nicht."

„Na, dann kannst du ja richtig stolz sein auf ihn."

„Das bin ich auch. Und ich hab ihn ganz doll lieb."

Elisabeth lächelte. Wie ihre Kleine mit Herberts Aussetzern zurechtkam, das war bewundernswert. Wenn man nur als Erwachsener auch so unbefangen damit umgehen könnte...

„Weißt du, Mama, es ist gar nicht schlimm, dass der Spiegel kaputt ist. Wahrscheinlich war es sowieso ein ganz alter Spiegel mit vielen blinden Flecken darin, und Opa konnte deshalb sein eigenes Gesicht gar nicht erkennen. Ich finde, wir kaufen für Oma und Opa einen neuen Spiegel, der ganz klar ist. Vielleicht kann Opa sich selbst dann auch wieder besser sehen."

„Einen neuen Spiegel kaufen – das wäre im Grunde eine gute

Idee. Aber ob das deinem Opa helfen kann, weiß ich nicht. Und wenn er dann wieder den Spiegel zerschlagen muss, weil er sich nicht darin erkennt, dann verletzt er sich ja noch einmal. Ich glaube, wir nehmen einfach alle Spiegel ab, damit sich die Geschichte von heute nicht wiederholt."
„Aber wenn du mal in einen Spiegel gucken willst, um dir die Lippen anzumalen, oder wenn Papa sich rasieren will, oder ich mir die Haare kämmen will, was machen wir dann?"
„Dann hole ich ganz heimlich meinen kleinen Taschenspiegel aus der Handtasche", lachte Elisabeth.
„Au ja, dann haben wir ein Geheimnis", freute sich die Kleine.

Vier Stunden später, Miriam schlief schon, kamen Michael und seine Eltern zurück. „Meine Güte, das war eine Geduldsprobe", stöhnte Hedwig, „in der Ambulanz des Krankenhauses hieß es, es würde sich ja nicht um einen Notfall handeln, und wir müssten warten. Aber Herbert war durch die für ihn unbekannte Umgebung völlig verstört und schrecklich aufgeregt. Ständig ist er aufgestanden, hat an mir herumgezerrt, hat gejammert und mit seinem Geschrei all die anderen Wartenden gestört. Ich habe eine Schwester gebeten, ihn bald dranzunehmen, weil er Alzheimer hat und ihn diese fremde Umgebung durcheinander bringt. Aber die Schwester hat nur im Vorbeilaufen gesagt: Wenn er Alzheimer hat, dann ist sowieso jede Umgebung fremd für ihn, und er findet sich bestimmt auch zu Hause nicht mehr zurecht. Aber das stimmt ja gar nicht, hier kennt er sich noch gut aus."
„Nein, Mutter", erwiderte Michael vorsichtig, „du merkst es vielleicht selbst nicht, aber du bist diejenige, die ihm hier die Wege zeigt. Wenn er ins Wohnzimmer gehen soll, dann gehst du mit, damit er nicht stolpert. Und wenn er die Treppe hinaufgehen soll, dann hast du ihn am Arm. Du weißt gar nicht, wie gut oder schlecht er sich hier noch zurecht findet. Wenn du

ihn wirklich mal allein gehen lassen würdest, dann könntest du erleben, wie wenig er noch von seinem Haus kennt."
Hedwig schwieg betroffen.
„Und ich glaube", fuhr er fort, „es ist nicht nur dieses Haus, in dem er nicht mehr zurechtkommt – es ist insgesamt die Welt, in der er sich nicht mehr auskennt. Alles ist fremd für ihn, und jeder neue Tag ist für ihn wie eine Reise in ein unbekanntes Land, voller Unwägbarkeiten und Risiken. Im Grunde seines Herzens muss er völlig verunsichert sein, wenn nicht sogar voller Angst."
„Junge, woher weißt du das alles?"
„Ich habe mich erkundigt, war in der Bibliothek und habe viel über Alzheimer gelesen. Und dabei habe ich auch begriffen, dass es die Aufgabe der Angehörigen ist, für Stabilität und Sicherheit zu sorgen, weil der Betroffene es selber nicht mehr kann."
„Hast du denn auch etwas gelesen über den Zusammenhang zwischen unverarbeiteten Kriegstraumata und Alzheimer?", fragte Elisabeth interessiert.
„Darüber habe ich nichts gefunden. Das scheint mir auch eine ziemlich waghalsige Theorie zu sein. Aber, Mutter, ich möchte dir noch etwas sagen, ohne dass du dich jetzt bitte kritisiert fühlst: die Hektik, die du manchmal verbreitest, dein Hin- und Herlaufen, das alles muss Gift sein für Vater. Es wird ihn zusätzlich verunsichern, weil er deine Geschäftigkeit nicht einordnen kann."
„Meinst du, dass er deshalb oftmals aggressiv wird?"
„Ja, vielleicht."
„Du hast ja recht, ich sollte viel ruhiger und ausgeglichener sein. Aber versuch du mal, ruhig zu bleiben, wenn man bei ihm nie weiß, welche Verrücktheit als nächstes kommt."
„Das ist schwer, das glaube ich dir aufs Wort. Und deshalb ist es wichtig, dass du morgen wegfährst."
„Nach dem, was heute passiert ist, wage ich das jetzt gar nicht."

„Und du fährst", ordnete Michael an, „Elisabeth bringt dich morgen zum Bahnhof, und wir wollen dich frühestens in zehn Tagen wieder sehen. Keine Widerrede!"

Die ersten Tage mit Herbert verliefen unerwartet gut. Die Schnittwunden an seiner Hand schienen ihm keine Schmerzen zu bereiten und heilten erstaunlich schnell. Doch dann geschah etwas, das Elisabeth sehr ins Grübeln brachte. Herr Eichler war wie an jedem Mittwoch gekommen und hatte diesmal mit Herbert einen Bildband über russische Schlösser und Klöster angeschaut. Herbert und Hedwig hatten vor einigen Jahren einmal eine Reise nach Russland unternommen und sich dieses Buch mitgebracht. Aus den Seiten fiel plötzlich ein schwarzweiß bedrucktes Blatt Papier heraus, offensichtlich ein Bild. Herbert nahm es in die Hand und starrte unverwandt darauf. Seine Lippen bewegten sich, aber niemand konnte ihn verstehen. Dann drückte er das Bild an seine Brust, und Tränen liefen ihm über das Gesicht.
„Was ist denn das für ein Bild?", fragte Herr Eichler, „zeigen Sie es doch mal her." Aber Herbert schüttelte energisch den Kopf und drückte das Papier noch fester an sich. „So kenne ich ihn gar nicht, normalerweise lässt er sich doch immer auf meine Vorschläge ein", sagte Herr Eichler zu Elisabeth.
Sie setzte sich neben ihren Schwiegervater und sprach ihn betont ruhig an: „Herbert, wir würden uns das auch gerne anschauen, was du da in der Hand hältst. Meinst du, wir dürfen das?" Aber er schüttelte immer wieder leise schluchzend den Kopf. „Irgendetwas daran muss ihn sehr erschüttert haben", flüsterte Elisabeth Herrn Eichler zu, „vielleicht hat es ihn an etwas erinnert, aber er kann es nicht richtig einordnen."
Für den Rest des Tages war Herbert nicht mehr ansprechbar. Er mochte auch nichts zu Abend essen und verweigerte seine Medikamente. Schwester Hannelore hatte ausnahmsweise ihre Mühe mit ihm, als sie zum abendlichen Waschen und

Umziehen kam. Schließlich lag er im Bett, die Augen immer noch voller Tränen. Das Blatt Papier hielt er nach wie vor in Händen.

Erst als er eingeschlafen war, konnte Elisabeth es ihm aus der Hand nehmen. Es zeigte das Bild einer jungen barfüßigen Frau, umgeben von einem weiten Tuch, unter dem sie ein kleines Kind liebevoll an sich gedrückt hielt. Das Kind lag vollkommen geschützt und geborgen im Arm seiner Mutter, die zärtlich auf das kleine Gesicht herabblickte. Der Umriss der beiden Gestalten bildete ein Oval, so wie nach Elisabeths Erinnerungen manche alte Madonnendarstellungen aussahen. Offensichtlich war es die Abbildung einer Kohlezeichnung. Um das Bild herum las sie die Worte: 1942 Weihnachten im Kessel – Festung Stalingrad – Licht, Leben, Liebe.

Elisabeth sah Michael betroffen an. „Davon habe ich schon einmal gehört", sagte sie, „ich glaube, wir haben damals in der Schule davon gesprochen."

„Ja, ich erinnere mich auch. Hat das nicht einer der Soldaten, die damals in Stalingrad eingeschlossen waren, für seine Kameraden gemalt? Und es soll damals viele Soldaten zu Tränen gerührt haben. Aber was bedeutet dieses Bild für meinen Vater?"

„Vielleicht kann uns das deine Mutter sagen, wenn sie zurückkommt."

„Sollen wir das Bild denn jetzt verschwinden lassen, oder geben wir es ihm morgen zurück?", überlegte Michael.

„Es scheint ihm ja sehr viel zu bedeuten, und es hat etwas bei ihm angerührt; deshalb finde ich, wir können es ihm nicht vorenthalten."

„Ja, aber es hat nur Tränen und Weinen ausgelöst, wahrlich nichts Gutes."

„Auch Tränen können etwas Gutes bedeuten", sagte Elisabeth sanft.

„Und was?"

„Dass sich eine emotionale Schleuse aufgetan hat zum Beispiel. Oder dass eine verdrängte Erinnerung wieder an die Oberfläche kommt und endlich verarbeitet werden kann, selbst wenn diese Verarbeitung zunächst ein schmerzhafter Prozess ist."
„Glaubst du im Ernst, dass mein Vater noch zu einer Verarbeitung imstande ist?"
„Ja, das glaube ich ganz gewiss. Er ist zwar dement, aber nicht geistig behindert. Das ist für mich ein Unterschied."
„Und wo liegt für dich dieser Unterschied?", zweifelte Michael.
„Er ist ja nicht komplett abwesend. Punktuell ist noch eine gewisse Bewusstheit vorhanden, ein gelegentliches Aufflackern von klaren Gedanken. Und vor allem ist er emotional zu erreichen."
Michael mochte zwar nicht zugeben, dass er Elisabeth zustimmte, aber immerhin ließ er es zu, dass sein Vater das Bild behalten durfte. Es ging ihm allerdings sehr nahe zu sehen, wie sein Vater immer wieder das Blatt Papier an sich drückte und dabei bittere Tränen vergoss.

„Mir ist so langweilig", jammerte Miriam eines Morgens, „den ganzen Tag soll ich Bilderbücher angucken oder malen oder mit den Gänseblümchen im Garten spielen, und ihr seid immer nur um Opa herum. Können wir nicht mal etwas zusammen machen? Als wir noch zu Hause waren, habt ihr gesagt, in Berlin gibt es auch einen Zoo. Und wir könnten hier auch Bootsfahrten unternehmen. Wann machen wir das denn endlich?"
„Du hast recht – wir sollten endlich einmal einen Ausflug unternehmen", antwortete Elisabeth. Zu Michael sagte sie: „Wir können nicht die kompletten zwei Wochen hier im Haus und im Garten verbringen; wir müssen auch mal raus."
„Und wie denkst du dir das?"
„Einer von uns geht mit Miriam weg, und der andere bleibt solange bei deinem Vater."

Diese Idee schien ihm nicht zu gefallen.
„Oder hast du etwa Angst, mit deinem Vater allein zu sein?"
„Na ja, Angst nicht direkt."
„Aber es ist dir unheimlich, gib es zu!"
„Ehrlich gesagt, ja."
„Na, du bist mir ja ein Held!" Elisabeth lachte. „Also: du fährst heute mit Miriam in den Zoo, und ich werfe mit ihm zusammen einen Blick in die Zeitung. Wenn ich ihm die dick gedruckten Schlagzeilen zeige und ihm kleinere Artikel vorlese, kann er vielleicht etwas damit anfangen."
Es war für Elisabeth nicht ersichtlich, wie viel ihn von der Zeitungslektüre erreichte, aber er schien die ruhige Atmosphäre im Haus zu genießen. Mit Bedauern dachte sie, dass die Anwesenheit seiner eigentlich geliebten aber doch recht lebhaften Enkelin ihn oftmals anstrengte. Es war wohl eine gute Idee gewesen, sie mit Michael zusammen auf einen Ausflug zu schicken.

Am Abend kehrten die beiden hochzufrieden zurück und schmiedeten schon Pläne für den kommenden Tag. „Wir fahren an den Wannsee", sprudelte Miriam hervor, „wir machen eine Bootsfahrt, und wir wollen ein Picknick mitnehmen. Morgen früh musst du uns Brote schmieren, Mama!"
Während Elisabeth am kommenden Morgen das versprochene Picknick zubereitete, fragte Michael sie gut gelaunt: „Und du, was hast du heute mit meinem Vater vor?"
„Ich werde versuchen, ihn zum Mensch-Ärgere-Dich-Nicht-Spielen zu bewegen. Vielleicht gelingt es ihm ja noch ein wenig."
„Das kann ich mir zwar nicht denken, aber versuch es ruhig."
Michael hatte recht: sein Vater konnte mit dem Würfel und den Spielfiguren nichts anfangen. Er hielt den Würfel fest in der Hand und blickte dabei zum Fenster hinaus. Elisabeth versuchte ihn daran zu erinnern, dass er dieses Spiel früher oft mit Miriam gespielt hatte, aber er schien ihr nicht zuzuhören.

Also gab sie es auf und schlug ihm stattdessen einen Spaziergang durch den Garten vor. Er stand folgsam auf und schlurfte an ihrem Arm durch die Terrassentür.
Zusammen betraten sie den Rasen, und Elisabeth zeigte ihm die Rosenbeete, die seine Frau so sehr liebte. Die Sonne schien ihn zu blenden; er schloss immer wieder die Augen. Sie führte ihn weiter in den hinteren Teil des Gartens, wo er früher Tomaten und Petersilie gezogen hatte. Jetzt sah es dort ein wenig wüst aus. Herbert sah umher, runzelte die Stirn und schien sich bücken zu wollen, als ob er dem Unkraut zuleibe rücken wollte. In dem Moment traf ihn wieder ein kräftiger Sonnenstrahl, er schloss die Augen, stolperte und fiel der Länge nach hin. Elisabeth konnte sich mit Mühe aufrecht halten; beinahe wäre sie auch ins Straucheln geraten. Voller Schrecken versuchte sie, Herbert wieder auf die Beine zu bringen, aber offensichtlich war er so verstört, dass er nicht mithelfen konnte. Hilflos stand sie vor ihm und überlegte. Hier musste ein Zweiter dazu kommen; alleine würde sie es nicht schaffen. „Herbert, ich laufe schnell ins Haus und rufe Herrn Eichler an, damit er uns hilft", sagte sie aufgeregt.
Aber Herr Eichler war offensichtlich nicht zu Hause. Elisabeth überlegte fieberhaft, wen sie als Nächstes anrufen könne, und ihr fiel Schwester Hannelore ein. Sie hatte ja zum Glück die Telefonnummer des Pflegedienstes, bei dem die Schwester arbeitete. Dort nahm auch gleich jemand ab. Elisabeth schilderte die Situation und erhielt die Auskunft, dass in der nächsten halben Stunde jemand käme. Sie rannte voller Panik wieder in den Garten zurück. Herbert lag genauso da, wie sie ihn verlassen hatte, wimmerte jetzt aber leise vor sich hin. Elisabeth hockte sich zu ihm und bemühte sich erfolglos, ihn zu beruhigen. Die Zeit bis zum Eintreffen der Hilfe schien ihr endlos lang. Zwischendurch lief sie immer wieder ins Haus, um das Klingeln an der Haustür nicht zu verpassen.

Schließlich kam eine junge, lebhafte Frau, stellte sich als Schwester Elisabeth vor und warf einen besorgten Blick auf Herbert. Elisabeth hätte gerne ihre Namensgleichheit angesprochen und darüber gelacht, aber zum Lachen war ihr in diesem Moment ganz und gar nicht zumute. Gemeinsam gelang es ihnen, Herbert auf die Beine zu stellen, aber er wirkte sehr benommen und hörte nicht auf zu jammern. „Er muss Schmerzen haben", sagte die Schwester, „und ich vermute, es ist etwas mit seinem linken Arm. Womöglich gebrochen. Schauen Sie nur, wie der Arm herunterhängt. Und was ist mit seiner rechten Hand? Da hat er ja schon einen Verband."
„Damit hat er sein eigenes Spiegelbild zertrümmert und sich geschnitten. Aber was machen wir denn jetzt?" fragte Elisabeth voller Panik.
„Ich schlage vor, dass Sie einen Krankenwagen anrufen und die Sache mit seinem linken Arm abklären lassen."
„Oh, Gott, im Krankenhaus findet er sich doch gar nicht zurecht. Und ich bin schuld an alledem!" Elisabeth standen die Tränen in den Augen.
„Hören Sie auf, sich Vorwürfe zu machen. Das hätte jedem passieren können. Sehen Sie lieber zu, dass er bald ins Krankenhaus kommt. Auch wenn er verwirrt ist – Schmerzen verspürt er trotzdem, und davon sollte man ihn möglichst bald befreien."
„Sie haben ja recht, aber ich fühle mich trotzdem so schuldig."
Zehn Minuten später stand ein Krankenwagen vor der Tür, und Herbert wurde abtransportiert. Elisabeth bestand darauf, mitzufahren.
„Sie können im Krankenhaus doch nichts ausrichten", meinte einer der Rettungssanitäter, aber sie gab nicht nach. Die Vorstellung, dass ihr Schwiegervater ganz allein den Untersuchungen ausgeliefert sein sollte, war für sie unerträglich.
Diesmal musste er in der Notfallaufnahme des Krankenhauses nicht lange warten. Er wurde sofort geröntgt, und zum Glück

stellte sich heraus, dass der Arm nicht gebrochen, sondern nur verrenkt war. Aber das EKG, das vorsorglich angefertigt wurde, zeigte kein gutes Ergebnis. Offensichtlich hatte der Sturz Herbert so sehr aufgeregt, dass Herz und Kreislauf durcheinander geraten waren. Der Arzt, der ihn untersuchte, riet dazu, Herbert für ein paar Tage in der Klinik zu belassen, zumal er jetzt starke Schmerzmittel erhalten sollte, die für sein Herz ein gewisses Risiko darstellen könnten.
Im Vorbeilaufen bat der Arzt Elisabeth um eine Unterschrift und hatte wenig Verständnis dafür, dass sie ihm die nicht geben konnte. „Ich habe doch gar keine Vollmacht für ihn; ich bin ja nur die Schwiegertochter."
„Dann soll möglichst schnell jemand aus der Familie kommen, der für ihn zuständig ist. Ihr Mann oder Ihre Schwiegermutter."
„Die sind beide unterwegs, und ich kann sie nicht erreichen."
„Sehen Sie bitte zu, dass sie bald informiert werden. Ich nehme Ihren Schwiegervater jetzt stationär auf. Um alles andere kümmern Sie sich bitte. Wir müssen auch möglichst bald wissen, welche Medikamente er zu Hause bekommt."
Elisabeth war wieder den Tränen nahe. Was hatte sie da bloß angerichtet! Sie hätte mit Herbert nicht in den Garten gehen dürfen; sie hatte doch gewusst, wie unsicher seine Schritte geworden waren. Und dazu noch die grelle Sonne. Er war einfach überfordert gewesen, und sie hatte das nicht bemerkt. Wie sollte sie jetzt Hedwig und Michael unter die Augen treten?
Sie begleitete Herbert, der leise jammernd in einem Bett lag, in das Zimmer, in dem er die nächsten Tage verbringen sollte. Dort lagen schon zwei Männer, beide sehr viel älter als er, und ebenfalls recht verwirrt. Der eine bewegte ständig seine Hand vor dem Gesicht hin und her, als ob er unsichtbare Spinnenweben beiseiteschieben wollte, und der andere rief lauthals immer wieder einen unverständlichen Namen. Sie flüsterte Herbert ins Ohr: „Du musst keine Angst haben; ich fahre jetzt

nur kurz nach Hause und hole für dich Schlafanzüge und deine Zahnbürste. Ich bin ganz schnell wieder bei dir."
In der Tür drehte sie sich noch einmal um und sah, dass er mit verstörtem Blick hinter ihr herschaute. Die Traurigkeit, die in seinen Augen lag, zerriss ihr förmlich das Herz. Auf dem Weg nach draußen dachte sie: Was habe ich da eben für einen Blödsinn gesagt: du musst keine Angst haben. Das sagt man kleinen Kindern, und dann haben die erst recht Angst, weil sie spüren, da ist etwas, vor dem man Angst haben könnte.

Mit einem Taxi fuhr sie hin und zurück und war eine Stunde später schon wieder bei Herbert. Er schlief jetzt, aber sein Schlaf war sehr unruhig; immer wieder bewegte er den Kopf hin und her. Der Sturz hatte ihn wohl buchstäblich aus dem Gleichgewicht gebracht, körperlich und seelisch. Sie setzte sich an sein Bett und blieb, bis ein Pfleger kam und ihm ein Tablett mit seinem Mittagessen brachte. „Gut, dass Sie da sind", sagte er, „dann können Sie ihm ja beim Essen helfen."
„Aber er schläft gerade, ich mag ihn nicht wecken."
„Tja, wenn er jetzt nichts isst – nachher ist nur noch der Spätdienst hier, und ich weiß nicht, ob dann jemand die Zeit hat, ihm sein Essen zu geben."
Sie berührte vorsichtig Herberts Schulter und redete ihn mit seinem Vornamen an, aber er reagierte nicht; also ließ sie ihn in Ruhe. Irgendwann fielen ihr selber die Augen zu, aber sie mochte nicht weggehen, zu groß war ihre Sorge, dass er aufwachen und dann versuchen würde, aus dem Bett zu steigen. Als der Pfleger das unberührte Essen wieder abholte, bat sie ihn, Gitter an der Bettkante zu befestigen.
„Das ist Freiheitsberaubung, das dürfen wir nicht", bekam sie zur Antwort.
„Aber er ist schwer an Alzheimer erkrankt. Er wird versuchen, aufzustehen, sobald er wach ist, und dann womöglich wieder stürzen."

„Tut mir leid! Dann müsste erst jemand von der Familie eine Einverständniserklärung unterschreiben."
Sie seufzte. Was sollte sie jetzt nur tun? Einerseits fühlte sie sich verpflichtet, bei Herbert zu bleiben, weil sie für seinen Sturz verantwortlich war; andererseits wollte sie möglichst schnell nach Hause in der Hoffnung, dass Michael inzwischen zurückgekehrt war und bald die Formalitäten erledigen konnte. Und was war mit Hedwig – sollte man sie von dieser Katastrophe informieren oder lieber damit verschonen?

Am späten Nachmittag – Herbert schlief noch immer – entschloss sie sich endlich, nach Hause zu fahren. Dort erwarteten sie schon ein völlig aufgelöster Michael und eine weinende Miriam.
„Wo habt ihr gesteckt? Was ist passiert?", herrschte er sie an. Stockend berichtete sie ihm von Herberts Sturz und den Stunden im Krankenhaus.
„Da hast du ja etwas Schönes angerichtet!", brüllte er.
„Ich habe es doch nur gut gemeint; ich dachte ein kleiner Spaziergang im Garten würde ihm gut tun", versuchte sie sich zu verteidigen.
„Gut meinen und gut tun – das ist ein großer Unterschied. Den Satz hast du selbst oft genug gesagt."
„Ja, du hast recht. Und wenn du wüsstest, wie oft ich unseren Gang in den Garten heute schon bereut habe. Es tut mir unendlich leid, Michael, glaub es mir!"
„Ich fahre jetzt in die Klinik. Und du versuchst, meine Mutter zu erreichen."
„Können wir darüber nicht nachher in Ruhe reden? Warum sollen wir ihr den Urlaub zerstören? Sie kann doch selbst nichts mehr an der Situation ändern."
„Na gut, das besprechen wir später." Und schon war er zur Tür hinaus.
Elisabeth nahm Miriam auf den Arm und setzte sich mit ihr

aufs Sofa. „Ich verstehe das alles nicht", schluchzte die Kleine. „Weißt du, wenn ein gesunder Mensch hinfällt, kann er sich manchmal verletzen. Aber wenn ein kranker Mensch, so wie Opa, stürzt, dann weiß man gar nicht, was daraus wird. Da ist alles viel schwieriger, und für ihn ist das jetzt ziemlich gefährlich."
„Was kann denn passieren?"
„Ich weiß es nicht; ich bin ja keine Ärztin."
„Aber Tante Agnes ist Ärztin, die könntest du doch anrufen und fragen."
„Das ist eine hervorragende Idee. Danke, Miriam, dass du mich darauf gebracht hast."
Sie griff spornstreichs nach dem Telefon. Zum Glück nahm Agnes sofort ab. „Agnes, du musst mir mal wieder aus der Patsche helfen", begann Elisabeth und erzählte ausführlich, was an diesem Tag passiert war. Sie schloss ihren Bericht mit den Worten: „Ich fühle mich entsetzlich schuldig und habe Sorge, dass Herbert das nicht überlebt."
„Schwesterherz, jetzt bleib aber mal auf dem Teppich. Erstens stirbt man nicht an einem verletzten Arm und an einem etwas durchgerüttelten Kreislauf. Zweitens wäre Herbert irgendwann sowieso mal hingefallen, so unsicher wie sein Gang geworden ist. Dass es nun ausgerechnet in deiner Gegenwart passiert ist, das ist Pech für dich, hätte aber jedem anderen genauso geschehen können."
„Es ist lieb, dass du mich trösten willst, aber ich habe trotzdem ein schlechtes Gewissen."
„Du weißt doch, ein schlechtes Gewissen ist ein schlechter Ratgeber."
„Apropos Rat: was meinst du, sollen wir Hedwig informieren?"
„Das ist eine schwierige Frage. Spontan würde ich sagen: Auf gar keinen Fall. Sie hat ihren Urlaub mehr als verdient, und sie setzt sich dann womöglich in den nächsten Zug und kommt angebraust. Und ändern kann sie jetzt ja doch nichts mehr."

„Vielleicht braucht Herbert sie jetzt ganz besonders?"
„Das kann ich nicht beurteilen. Wenn das der Fall sein sollte, dann ruft sie an und bittet sie zu kommen. Was er aber bestimmt jetzt braucht, ist Ruhe, ein gutes Schmerzmittel und einen Arzt oder Ärztin, die ihn möglichst schnell wieder nach Hause in seine gewohnte Umgebung entlassen. Vielleicht kannst du darauf Einfluss nehmen."
„Danke, Agnes, dass du dir wieder einmal Zeit für mich genommen hast."
„Das ist doch selbstverständlich. Und jetzt gib mir Miriam; ich vermute, dass sie durch euren Schrecken auch etwas mitgenommen ist."
„Da hast du recht. Ich hole sie dir."
Miriam meinte nach dem Gespräch mit ihrer Patentante zu Elisabeth: „Tante Agnes hat gesagt, ich soll für Opa ganz viele Bilder malen und ihm selber ins Krankenhaus bringen. Und ich soll Fotos von uns allen mitnehmen und ihm auf den Nachttisch stellen, damit er uns nicht vergisst."
„Ja, das ist ein toller Gedanke; so machen wir es."
Miriam holte sofort ihre Buntstifte hervor und begann still für sich zu malen. Elisabeth sah ihrer Tochter dabei zu und spürte, dass sich ihre Nerven allmählich ein wenig beruhigten.
„Mama, guck mal, was ich gemalt habe", forderte Miriam sie eine Viertelstunde später auf. Elisabeth sah auf das Blatt Papier und erkannte ein rundes, lachendes Gesicht, offensichtlich ein Mann mit kurzen grauen Haaren. Sollte das Herbert sein? Um das Gesicht herum war ein brauner Rahmen gemalt. „Das ist Opa", erklärte Miriam, „wenn er wissen will, wie er aussieht, kann er jetzt immer mein Bild angucken und muss nicht mehr in den Spiegel sehen, wo er sich ja doch nicht erkennt. Können wir ihm das Bild bitte an die Wand hängen, da wo früher sein Spiegel war?"
„Eine gute Idee", fand Elisabeth, „morgen fahre ich zu Opa ins

Krankenhaus und zeige ihm dein Bild. Und sobald er wieder zu Hause ist, hängen wir es für ihn auf."
„Versprochen?"
„Großes Indianderehrenwort! Aber jetzt ist es bald an der Zeit für dich, schlafen zu gehen."
„Och schade, ich wollte noch viel mehr Bilder für Opa malen."
„Morgen ist auch noch ein Tag."

Stunden später kam Michael zurück, sichtlich erschöpft. „Meine Güte, war das ein Stress", stöhnte er, „bis endlich ein Arzt für mich Zeit hatte, bis dann die Akte meines Vaters vorlag und bis ich ihn dann endlich selbst sehen konnte – das alles hat eine Ewigkeit gedauert. Und diese beiden anderen alten Männer, die mit im Zimmer liegen – ein Trauerspiel. Die sind ja völlig durch den Wind. So eine Gesellschaft ist doch nicht zumutbar für ihn."
„Wahrscheinlich haben sich die Schwestern gedacht, er mit Alzheimer würde gut dorthin passen. So ganz orientiert ist er ja auch nicht."
„Aber doch nicht so durcheinander wie diese beiden."
„Na ja, ich fürchte doch. Du siehst ihn wie deine Mutter manchmal auch in einem ziemlich rosigen Licht. Aber sag endlich: wie geht es ihm jetzt?"
„Nicht gut, das kann man sich ja denken. Er ist völlig durcheinander, ruft nach meiner Mutter und versucht ständig, aus dem Bett zu steigen."
„Du hast doch hoffentlich dafür gesorgt, dass er Bettgitter bekommt?"
„Du lieber Himmel, das habe ich jetzt ganz vergessen."
„Dann musst du unbedingt in der Klinik anrufen und darum bitten." Das tat er, erhielt aber wie zuvor Miriam die Auskunft, dafür müsse er eine Unterschrift leisten, es sei schließlich Freiheitsberaubung. „Herrje, ich bin selber Jurist", brüllte er ins Telefon, „Sie können sich auf mein Wort verlassen. Morgen

bekommen Sie meine Unterschrift, nur bitte versorgen Sie ihn heute Nacht schon mit Gittern am Bett."
Aber der Pfleger, mit dem er telefonierte, war unerbittlich und berief sich auf die Vorschriften.
„Ich fahre doch jetzt nicht noch einmal ins Krankenhaus", sagte er zornig zu Miriam, „es ist spät, und ich habe Hunger. In dieser einen Nacht wird schon nichts passieren."
„Wollen wir's hoffen", meinte Elisabeth, aber sie hatte ein ungutes Gefühl dabei.
„Lass uns jetzt bitte klären, ob wir deine Mutter benachrichtigen", schlug sie vor, „mit Agnes habe ich das auch schon erörtert. Wie siehst du die Sache?"
„Ich bin in jedem Fall dafür. Du hättest hören sollen, wie oft mein Vater nach ihr gerufen hat. Und wie verzweifelt er dabei klang."
„Aber wenn wir dafür sorgen, dass er möglichst wenig allein ist, beruhigt er sich vielleicht wieder. Ich möchte deiner Mutter nicht den Urlaub verderben. Lieber setze ich mich den ganzen Tag zu ihm ans Bett."
„Und beruhigst damit dein schlechtes Gewissen, nicht wahr?"
„Michael, wie oft soll ich mich noch entschuldigen? Es tut mir wirklich leid, was passiert ist. Ich würde alles dafür geben, wenn ich es ungeschehen machen könnte."
„Deine ständigen Beteuerungen, wie leid dir die Sache tut, kannst du dir jetzt schenken."
„Agnes hat auch gesagt, er wäre sowieso irgendwann gestürzt, so wackelig wie er geworden ist. Es hätte jedem von uns passieren können."
„Agnes, immer nur Agnes. Hörst du nur noch auf sie?"
„Nein, ich höre auch auf dich", sagte Elisabeth und bemühte sich, ruhig zu bleiben. „Also, wenn du meinst, es sei richtig, deine Mutter anzurufen, dann tun wir das. Mein Vorschlag wäre, dass wir ihr gleichzeitig sagen, wir hätten hier alles im Griff, sie müsse sich keine Sorgen machen und dürfe gerne ihren Urlaub bis zu Ende nehmen."

„In Ordnung, soll sie selber entscheiden, ob sie kommen will oder nicht."
„Und wenn ich noch einen Vorschlag machen dürfte, Michael: Ruf sie lieber erst morgen an. Heute Abend sind wir nicht in der Verfassung, ihr ruhig und sachlich die Situation zu erklären. Sie würde aus unserer Stimme nur Schlimmes heraushören. Und sie würde die ganze Nacht nicht schlafen können."
„Das ist endlich einmal ein guter Vorschlag von dir", sagte Michael müde.
Dann ging er in die Küche, um sich eine Scheibe Brot zu holen. In dem Moment wurde ihr bewusst, dass sie selbst seit dem Frühstück nichts mehr gegessen hatte. Sie hatte am Abend nur Miriam auf die Schnelle versorgt und an sich selbst nicht gedacht. „Machst du mir bitte auch ein Brot?", bat sie, „ich gehe solange in den Keller und hole uns eine Flasche Bier."
„Meinst du, du hast das verdient?" fragte er grimmig, aber Elisabeth sah, dass ein kleines Lächeln dabei in seinem Gesicht lag. Gott sei Dank, er ist mir nicht mehr böse, dachte sie erleichtert.
Dennoch ließen sie ihre Sorgen um den Schwiegervater in der Nacht nicht zur Ruhe kommen. Zuhause nahm sie manchmal abends ein paar Tropfen Baldrian, so wie sie es während ihrer Studienjahre getan hatte, wenn sie nicht einschlafen konnte, aber sie hatte das Baldrianfläschchen zu Hause vergessen. So lag sie lange wach und grübelte. Immer wieder drängte sich ihr der Gedanke auf, dass sie schuld war an Herberts Sturz und jetzt auch daran, dass Hedwig womöglich ihren lang ersehnten Urlaub abbrach. Vor einiger Zeit habe ich festgestellt, dachte sie, dass Selbstvorwürfe und Schuldgefühle in dieser Familie viel Raum einnehmen, und jetzt bin ich selbst darin verwickelt. Hören denn die Teufelskreise von Selbstanklagen und schlechtem Gewissen niemals auf? Es war ihr, als ob die Schuldgefühle, die Herbert gegenüber seinen gefallenen Kameraden verspürte, geradezu etwas Ansteckendes hatten. Jeder in die-

ser Familie, auch sie selbst, plagte sich seit dem Beginn seiner Erkrankung ebenfalls mit Selbstvorwürfen herum.

Am nächsten Morgen versuchte Michael, seine Mutter im Hotel zu erreichen, aber sie war wohl schon früh an den Strand gegangen. Er bat darum, dass ihr mitgeteilt werde, sie möge zu Hause anrufen.

„Was ist los?", fragte sie aufgeregt, als sie sich schließlich am Nachmittag meldete, „irgendetwas Schlimmes ist doch passiert, sonst würdet ihr mich nicht anrufen."

Michael bemühte sich um einen ruhigen, sachlichen Tonfall, als er ihr die Vorkommnisse des vergangenen Tages berichtete. „Mutter, du musst dir keine Sorgen machen. Vater hat die Nacht gut überstanden. Elisabeth ist heute schon ganz früh zu ihm gefahren und bleibt bis heute Nachmittag bei ihm. Dann löse ich sie ab. Wir lassen ihn nicht allein. Du musst also nicht kommen."

„Glaubst du im Ernst, dass ich hier jetzt noch eine ruhige Minute habe? Nein, ich reise ab, sofort."

„Bitte überstürze jetzt nichts. Überschlaf es noch eine Nacht."

„Wie kann ich schlafen, wenn mein Mann im Krankenhaus liegt?"

„Wir haben hier alles im Griff. Mehr als bei ihm sitzen kannst du auch, und das übernehmen Elisabeth und ich."

Michael redete wie mit Engelszungen, aber sie ließ sich nicht umstimmen. Es stellte sich dann allerdings heraus, dass es für den Tag keine Zugverbindung mehr nach Berlin gab und sie erst am kommenden Tag abreisen konnte.

Herbert verbrachte den Tag weitgehend in einem Dämmerschlaf. Während der Nacht war er nach Aussagen des Pflegers sehr unruhig gewesen, hatte mehrfach versucht, das Bett zu verlassen und damit der Nachtschwester wohl viel Arbeit verursacht, worüber sie alles andere als erfreut gewesen war. Elisabeth saß neben ihm auf einem harten Besucherstuhl und

hatte viel Zeit zum Nachdenken. Ihr geisterte immer noch Michaels Vorschlag durch den Kopf, seinen Eltern zuliebe nach Berlin zu ziehen. Wenn sie es recht bedachte: Berlin war durchaus eine Stadt, in der sie leben konnte. Aber ihre Kanzlei und ihren Freundeskreis in Hamburg aufgeben – unvorstellbar. Wie konnte sie Michael nur davon überzeugen, dass es für sie alle in Hamburg einfach besser war, dass auch ein gewisser Abstand zu seinen Eltern heilsam für ihr Familienleben war? Und was war es wirklich, das ihn nach Berlin zog? Allein die Sorge um seine Eltern? Oder eine gewisse Sehnsucht nach dem Ort seiner Kindheit? Oder waren es, wie sie es in der vergangenen Nacht befürchtet hatte, vor allem Schuldgefühle den Eltern gegenüber? Nur: wofür sollte er sich schuldig fühlen müssen?
In ihre Überlegungen hinein rief Herbert plötzlich: „Fritz, Fritz, wo bist du? Emil, Hannes, wo seid ihr alle? Ihr wolltet mich doch mitnehmen."
„Ganz ruhig. Es ist alles in Ordnung", sagte Elisabeth und griff nach seiner rechten Hand, um die immer noch ein Verband lag. Er zuckte zurück, offensichtlich hatte er durch die plötzliche Berührung doch wieder Schmerzen in den Schnittwunden.
„Fritz, Emil, Hannes, wir gehören doch zusammen." Sein Rufen wurde immer lauter.
Eine Schwester betrat das Zimmer und fragte: „Was ist denn hier los? Machen Sie solch einen Lärm, Herr Reinicke? Sie stören ja Ihre Zimmergenossen."
„Er lebt gerade einmal wieder in der Vergangenheit", sagte Elisabeth entschuldigend.
„Das mag ja sein, aber sorgen Sie bitte dafür, dass er nicht so einen lauten Zirkus veranstaltet."
Zirkus, dachte Elisabeth, als ob es etwas Spaßiges wäre, was ihm gerade durch den Kopf geht.
Herbert ließ sich nicht beruhigen, sondern rief immer weiter und versuchte trotz seines gehandicapten Armes, sich aufzurichten und aufzustehen. Plötzlich hatte Elisabeth eine Idee.

Sie stand auf und beugte sich über ihn, so dass er ihr Gesicht gut sehen konnte, und sagte eindringlich: „Ich weiß, wo die drei abgeblieben sind. Ich gebe deinen Kameraden nachher Bescheid, wo du gerade bist, dann können sie zu dir kommen. Wahrscheinlich wissen sie gar nicht, wo du steckst, aber ich werde es ihnen sagen."
„Das würdest du für mich tun?", fragte er und lächelte sie an.
„Natürlich", antwortete sie und streichelte liebevoll sein Gesicht.
„Ach Hedwig, wenn ich dich nicht hätte", seufzte er und schloss die Augen.
Elisabeth sank wieder auf ihren Stuhl zurück. Jetzt hatte sie ihn belogen, sogar zweimal. Zum einen hatte sie ihm vorgeschwindelt, sie würde dafür sorgen, dass seine alten Kameraden kommen würden. Zum anderen hatte sie nicht widersprochen, als er sie für seine Frau hielt. Sie hielt sich die Hände vors Gesicht. Es war ihr so einfach vorgekommen, ein paar Tage lang auf Herbert aufzupassen, und jetzt stellte sich alles als furchtbar kompliziert heraus. Sie beschwindelte ihren eigenen Schwiegervater. Und zwischen ihrem Mann und ihr stand eine immer höher wachsende Mauer.
Als das Mittagessen gebracht wurde, versuchte sie, ihm ein paar Bissen zu geben, aber er drehte den Kopf weg. Gefrühstückt hatte er angeblich auch nicht. Am Nachmittag löste Michael sie ab und sorgte dafür, dass Herbert endlich Bettgitter bekam. Auch ihm gelang es nicht, ihn zum Essen zu bewegen. Nur ein paar Schlucke Wasser nahm er zu sich. Nach Meinung des Arztes zu wenig, so dass ihm eine Infusion mit Flüssigkeit angehängt wurde. Michael versuchte den Arzt davon zu überzeugen, dass man seinen Vater doch bitte bald entlassen möge. Das wurde jedoch freundlich aber bestimmt abgelehnt. Er sei noch zu schwach, Herz und Kreislauf noch nicht wieder stabil, und eine Entlassung sei mit zu vielen Risiken verbunden. „Aber solange er hier ist, besteht das Risiko, dass er geis-

tig noch weiter abbaut", versuchte Michael zu verhandeln, "so verwirrt wie hier ist er zu Hause nicht. Können Sie es nicht doch ermöglichen?"
"Dann frage ich Sie jetzt auch etwas", meinte der Arzt ernst, "so hart das in Ihren Ohren auch klingen mag: wollen Sie einen toten Vater oder einen lebenden, selbst wenn der etwas dementer ist als vorher?"
"Aber so ist das doch kein Leben mehr für ihn", stieß Michael hervor, "bisher hatte er noch ein Stück Lebensqualität. Damit scheint es jetzt wohl vorbei zu sein. Die Zeit hier im Krankenhaus scheint ihm den letzten Rest Verstand zu rauben."
"Herr Reinicke, solange noch Lebensgefahr für Ihren Vater besteht, werde ich ihn nicht entlassen. Es sei denn, Sie geben es mir schriftlich, dass Sie ihn gegen ärztlichen Rat nach Hause holen wollen. Dann müssten Sie wahrscheinlich aber auch den Krankentransport selbst bezahlen."
"Danke für Ihre Belehrungen", knurrte Michael, "ich bin selber Jurist; ich weiß, dass Sie sich absichern müssen. Aber es erscheint mir doch recht unmenschlich, was hier gerade mit meinem Vater geschieht."
"Wer will darüber richten, was menschlich ist und was nicht? Herr Reincke, ich verstehe Ihre Sorge und Ihren Unmut, aber bitte haben Sie auch Verständnis für mich. Ich muss mich an meine ärztlichen Richtlinien halten und muss Lebensgefahr von meinen Patienten so weit wie möglich fernhalten. Haben Sie einfach noch ein paar Tage Geduld; in der nächsten Woche haben Sie Ihren Vater sicher wieder zu Hause."
Hedwig stand am darauf folgenden Nachmittag vor der Haustür und rief atemlos: "Hier bin ich, bitte bringt mich sofort zu meinem Mann!" Elisabeth fuhr sie in die Klinik. "Oh Gott, wie sieht er denn aus?", flüsterte sie entsetzt, als sie das Krankenzimmer betraten, "das ist ja kaum noch er selber, so dünn und ausgemergelt. Hat man ihn hier etwa verhungern lassen?"
"Nein, Mutter, er wollte selber nichts essen. Er hat immer den

Kopf weggedreht, wenn wir versucht haben, ihm etwas zu geben."

„Ich muss unbedingt einen Arzt sprechen, so kann das doch nicht weitergehen."

„Natürlich, Mutter. Aber vorher möchte ich dir noch etwas sagen: Sein Wegdrehen und seine Weigerung, Nahrung zu sich zu nehmen – könnte das nicht vielleicht auch ein Anzeichen dafür sein, dass er nicht mehr leben möchte? Vielleicht ist das seine einzige Möglichkeit zu signalisieren, dass er sozusagen lebensüberdrüssig ist?"

„Ach was, das ist nur seine Demenz. Du sollst mal sehen, mit wie viel Appetit er wieder zu essen anfängt, wenn ich ihm zu Hause seine Lieblingssuppe koche."

„Vielleicht hast du recht", sagte Elisabeth, aber sie glaubte selbst nicht an ihre Worte.

Der zuständige Arzt hatte schon Feierabend, so dass Hedwig erst am nächsten Tag mit ihm sprechen konnte. Auch sie bat um eine baldige Entlassung, aber der Arzt sagte zu ihrem Entsetzen: „Frau Reinicke, ich will Ihren Mann wahrlich nicht überflüssig lange hier festhalten. Aber ich bitte Sie Folgendes zu bedenken: Wenn er entlassen wird, dann wird er voraussichtlich ein vollkommener Pflegefall sein. Können Sie das zu Hause leisten? Wäre es nicht eventuell sinnvoller, ihn in ein Pflegeheim zu geben? Solange er hier ist, biete ich Ihnen an, dass wir über unseren Sozialdienst die Wege dafür ebnen."

„Ein Pflegeheim? Das kommt überhaupt nicht in Frage!", rief Hedwig empört aus, „zu Hause ist er doch noch jeden Tag aufgestanden, hat sich anziehen lassen, ist durchs Haus gegangen, hat Bücher gelesen und sich, wenn auch wenig, aber noch mit mir unterhalten."

„Das mag durchaus so gewesen sein, obwohl ich ehrlich gesagt Zweifel daran habe, dass er gelesen hat. Er hat wohl nur auf die Seiten gestarrt. Aber wie auch immer: nach diesem Ereignis wird er nicht mehr so sein können wie bisher. Es wird seiner

Alzheimererkrankung einen weiteren Schub gegeben haben."
Hedwig rang um Fassung. „Aber ich kann ihn doch nicht einfach abschieben! Wie komme ich mir denn dann vor?"
„Hoffentlich nicht wie ein Egoist. Das wären Sie dann nämlich gewiss nicht. Sie haben mit Sicherheit schon unendlich viel Gutes für ihn getan. Ich möchte Sie nur darum bitten zu bedenken, dass auch Ihre Kräfte begrenzt sind. In einem Heim hätte er adäquate Pflege, und Sie könnten ihn dennoch jeden Tag besuchen."
„Nein", sagte Hedwig entschieden, „er kommt nach Hause und damit basta."
Der Arzt zuckte mit den Schultern und sagte: „Wie Sie meinen. Was Sie entscheiden, müssen wir hier akzeptieren."

August 1985

Hedwig rief eines Abends an: „Elisabeth, beim Aufräumen und Saubermachen fand ich hinter Herberts Bett ein völlig zerknittertes Bild der Stalingrader Madonna. Wie kann das da hingekommen sein?"
„Ja, das war so: er hatte in der Zeit, als wir bei ihm waren, am Mittwoch wie immer mit Herrn Eichler Bücher angeschaut, unter anderem eines mit Bildern aus der Sowjetunion. Da war dieses Bild herausgefallen, und Herbert hat es an sich genommen. Er hat es von da an immer mit sich herumgetragen und immer wieder betrachtet. Und oftmals hat er dann bitterlich geweint und Dinge gemurmelt, die wir nicht verstehen konnten. Hast du eine Vermutung, was es damit auf sich haben könnte?"
„Dieses Bild hat ihm vor vielen Jahren ein Kriegskamerad zugeschickt. Einer von den wenigen, die den Russlandfeldzug überlebt haben. Als wir dann später zusammen in der Sowjetunion waren, wollte er unbedingt dorthin, wo das Bild entstanden war, aber du weißt ja, wie das mit Reisen in der Sowjetunion ist: man kann nicht einfach dorthin fahren, wohin man möchte. Man ist immer nur in Gruppen unterwegs und hat die ganze Zeit eine russische Reisebegleitung bei sich, die auf Schritt und Tritt hinter einem herläuft. Oder besser gesagt: immer vorneweg, und wehe, jemand verlässt die Gruppe. Wir sind also nicht nach Stalingrad gekommen, aber Herbert hat

immer wieder davon gesprochen, dass dieses Bild für ihn ein Wunder sei. Dass jemand in einer solch entsetzlichen Umgebung wie dem Stalingrader Kessel ein so wunderbares Bild malen konnte, das war für ihn genauso unfassbar wie die Tatsache, dass er dem Tod sozusagen von der Schippe gesprungen ist, indem er zur richtigen Zeit krank wurde."
„Mir kam es so vor, als ob sein Weinen, seine Tränen so eine Art Sehnsucht ausdrückten", sagte Elisabeth.
„Eine Sehnsucht?" fragte Hedwig erstaunt.
Elisabeth fuhr fort: „Vielleicht eine Sehnsucht nach der gleichen Geborgenheit, wie sie das Bild ausdrückt."
„Das wäre eine Erklärung."
„Ich denke mir das so, Hedwig: Die Welt ist ja durch seine Krankheit vollkommen undurchschaubar und bedrohlich geworden, und vielleicht hat er beim Betrachten des Bildes eine tiefe Ahnung von Geborgenheit und Sicherheit verspürt. Als ob er sich in dem kleinen Kind wieder gefunden hat und in der Geborgenheit, die das hilflose Wesen erfährt."
„Ich habe schon immer gewusst, dass ihn dieses Bild in besonderer Weise angerührt hat, aber dass es ihm jetzt auf eine ganz neue Art wichtig geworden sein könnte, hätte ich nie gedacht. Aber wenn du sagst, er hat beim Betrachten immer angefangen zu weinen, werde ich es ihm nicht wieder zeigen."
„Ich hatte nicht den Eindruck, dass es ein verzweifeltes Weinen war. Eher ein mitleidsvolles Weinen. Als ob er Mitleid mit sich selbst hatte. Und vielleicht ist seine Reaktion auf das Bild ja jetzt ganz anders. Gib es ihm doch ruhig noch einmal wieder in die Hand. Wie geht es ihm übrigens?"
„Mal so, mal so, jeder Tag ist anders. Gestern lag er die meiste Zeit ganz ruhig in seinem Bett und hat auch ein wenig Suppe gegessen. Heute wollte er unbedingt aufstehen, also haben Schwester Hannelore und ich ihn in seinen Sessel befördert und ihm die Zeitung in die Hand gedrückt. Ich glaube, mit den Schlagzeilen konnte er etwas anfangen. Übrigens kommt jetzt

mittags auch immer eine weitere Schwester, Schwester Elisabeth."

„Ja, die habe ich auch kennen gelernt", sagte Elisabeth und dachte mit Schrecken an ihr gemeinsames Erlebnis zurück.

„Ich glaube, dass sie genauso heißt wie du, verwirrt Herbert ständig. Aber sie ist ausgesprochen nett und eine große Hilfe für mich. Kommt ihr denn am nächsten Wochenende wieder?"

„Nein, ich glaube nicht", sagte Elisabeth zögernd, „zumindest ich komme nicht. Miriam hat am Samstag ein großes Kindergartenfest, den Abschluss ihrer Kindergartenzeit, und sie wäre sehr enttäuscht, wenn ich da nicht mit ihr hinginge. Aber vielleicht kommt ja Michael." Er kommt bestimmt, dachte sie ärgerlich, seine Fahrten nach Berlin sind ihm ja mittlerweile wichtiger als seine Tochter.

„Völlig klar, da musst du mit Miriam hin", sagte ihre Schwiegermutter, „und nimm Michael mit; er soll nicht andauernd die lange Fahrt zu uns unternehmen."

„Elisabeth, du fährst also nicht mit am Wochenende?", fragte Michael.

„Nein, ich gehe mit Miriam zu ihrem Kindergartenfest. Es wäre schön, wenn du auch mitkommen würdest, aber du willst sicher lieber nach Berlin."

„So ist es."

„Es wäre alles viel einfacher, wenn deine Eltern hier in Hamburg wohnten. Ich war ja immer diejenige, die dafür plädiert hat, dass deine Mutter weiter im Reisebüro arbeitet, damit sie einen Ausgleich zu ihrer Pflege von Herbert hat. Aber ich weiß gar nicht, ob sie überhaupt noch ins Reisebüro geht oder ob sie ihre Arbeit längst aufgegeben hat. Falls das der Fall sein sollte, können wir vielleicht doch noch einmal die Frage angehen, ob wir die beiden zu uns nach Hamburg holen."

„Oder ob wir nach Berlin ziehen."

Elisabeth seufzte. „Ich könnte mir durchaus vorstellen, in Berlin zu leben – es ist ja eine phantastische Stadt mit vielen kulturellen Angeboten. Aber ehrlich gesagt: an Berlin stört mich dieses Eingesperrtsein durch die DDR-Grenze und die Mauer. Leben wie auf einer abgeschlossenen Insel – daran könnte ich mich nur allmählich gewöhnen. Und was wir hier alles aufgeben müssten, das würde mich sehr traurig machen."
„Damit würdest du mir, deinem Ehemann, aber die ständigen Wochenendfahrten abnehmen."
Elisabeth seufzte wieder. „Ich weiß, für dich wäre es eine Erleichterung. Aber ich frage mich nach wie vor, warum es dir so wichtig ist, ständig zu deinen Eltern zu fahren. Sie kommen doch im Moment ganz gut zurecht, mit dem Pflegedienst und der Unterstützung durch Herrn Eichler. Deine Mutter meint selbst, du müsstest nicht so oft kommen. Hast du möglicherweise Angst, dass dein Vater nicht mehr lange zu leben hat? Oder hast du ein schlechtes Gewissen deiner Mutter gegenüber, weil sie so viel Arbeit mit deinem Vater hat?"
„Jetzt geht deine Phantasie mit dir durch."
„In meiner Phantasie taucht gelegentlich noch eine weitere Vermutung auf."
„Nämlich welche?"
„Dass du dir Vorwürfe machst, mit deinen Eltern zu wenig über ihre Kriegserlebnisse gesprochen zu haben und vor allem für deine Mutter keine Anteilnahme aufbringen konntest, weil du nichts von ihrem schrecklichen Erlebnis wusstest. Und dass bei deinem Vater das Verdrängte seit seiner Erkrankung wieder ans Licht kommt, aber du ihm da nicht helfen kannst."
„Das ist ja eine vollkommen verrückte Idee!", empörte sich Michael.
„Ja, vielleicht. Aber ich weiß aus meinem eigenen Leben: wenn jemand total verbissen an ein und derselben Sache hängt, dann können sich durchaus Schuldgefühle dahinter verbergen."
„Wie kommst du denn auf diesen abstrusen Einfall?"

„Als ich während meines Studiums Forschungen über die Kriegszeit und das Dritte Reich betrieben habe, da hast du mir damals gesagt, das wäre ja fast schon eine fixe Idee von mir. Später habe ich begriffen, dass ich damit Schuldgefühle meinen Eltern gegenüber kompensiert habe, von denen ich ja zeitweise behauptet hatte, sie hätten mir durch ihre Kriegserinnerungen meine Kindheit vergiftet. Jetzt frage ich mich, ob du nicht auch irgendwelche Schuldgefühle zu kompensieren versuchst, indem du nur noch deine Eltern im Kopf hast."

„Jetzt spinnst du ja völlig! Was für Schuldgefühle sollte ich denn haben?"

„Dass du ihre Erinnerungen an die Kriegs- und Nachkriegszeit nicht mit ihnen geteilt hast. Was selbstverständlich nicht deine Schuld ist – sie haben sie dir ja bewusst verschwiegen. Dennoch könnte ich mir vorstellen, dass du unbewusst ein schlechtes Gewissen hast, weil du ihnen den Schrecken nicht erleichtern konntest. Die Vergewaltigung deiner Mutter, die Todesängste deines Vaters – das alles hat man von dir ferngehalten und gemeint, dir damit etwas Gutes getan zu haben. Aber ich glaube, es hat dir im Gegenteil viel Schweres aufgebürdet. Du warst Teil ihres Verdrängens; du warst sozusagen unbewusst und ungewollt Komplize ihres Verdrängungsprozesses, und das bricht jetzt auf und sucht nach Bewältigungsstrategien. Und weil es dafür eigentlich keine gibt, deshalb zieht es dich geradezu magisch immer wieder zu den beiden hin."

Michael hob abwehrend die Hände und wollte sie zum Schweigen bringen, aber sie redete weiter. „Vielleicht hast du ja auch, ähnlich wie Miriam das über ihren Opa gesagt hast, blinde Flecken in deinem Kopf, die dir die Realität verändert widerspiegeln. Dir erscheint die Realität klar, aber in Wirklichkeit ist sie verzerrt."

„Danke, Frau Psychiaterin, für Ihre klugen Ratschläge", sagte Michael sarkastisch und verließ das Zimmer.

„Das sind keine Ratschläge, sondern nur Vermutungen, und schon gar keine Vorwürfe – jeder hat doch blinde Flecken", rief Elisabeth ihm hinterher, „lauf nicht weg, lass uns doch darüber reden."
Aber Michael war nicht mehr bereit, über das Thema zu sprechen, nicht an diesem Tag und nicht an anderen.

Miriam konnte in der Nacht vor ihrem Kindergartenfest kaum schlafen, so aufgeregt war sie. Es war tatsächlich ein sehr vergnügliches Fest. Die Kinder hatten mit ihren Erzieherinnen ein Singspiel eingeübt, bei dem jedes Kind ein Tier darstellte und einen passenden Liedvers sang. Miriam hatte sich die Rolle eines Esels ausgesucht. In grauem T-Shirt und grauer Strumpfhose hüpfte sie auf die behelfsmäßige Bühne. Als Schwanz hatte man ihr ein weißes ausgestopftes Söckchen hinten an der Strumpfhose befestigt. Sie stolzierte hin und her und sang: „Ich bin ein kleiner Esel und wandere durch die Welt. Ich wackle mit dem Hinterteil, so wie es mir gefällt. I-ah. I-ah. I-a, i-ah, i-ah." Und dabei wackelte sie mit ihrem kleinen runden Popo, dass sich Elisabeth vor Lachen kaum halten konnte. Sie machte viele Fotos, drückte Miriam hinterher an sich und sagte: „Du warst ein phantastisches Eselchen. Wir werden Oma und Opa demnächst die Fotos zeigen." Innerlich dachte sie: Wie mutig von meiner Kleinen, sich ausgerechnet die Rolle eines Esels auszusuchen, ohne sich dabei wie ein dummer Esel vorzukommen. Nur ein weiser Mensch kann auch zu seinen Dummheiten und Fehlern stehen.

Michael kam am Sonntagabend spät nach Hause. Obwohl Elisabeth müde war, blieb sie auf und wartete auf ihn, um ihm von Miriams Auftritt zu erzählen. Er hörte ihr zerstreut zu. Schließlich fragte sie ihn: „Und wie sieht es bei deinen Eltern aus?"
„Ach, nicht gut", erwiderte er, „mein Vater spricht kaum noch, und wenn, dann ist er kaum zu verstehen. Zwischendurch

tauchen immer wieder die Namen seiner Kriegskameraden auf. Auch das Wort ‚Stalingrad' kommt oft vor. Das muss sich ihm sehr eingebrannt haben."
„Und wie geht es deiner Mutter?"
„Sie behauptet immer, es ginge ihr gut, aber sie sieht alles andere als gut aus. Und was mir vor allem Sorgen macht: Sie schätzt die Situation von Herbert völlig unrealistisch ein. Sie meint, er würde jedes ihrer Worte verstehen, aber den Eindruck habe ich ganz und gar nicht. Er lebt völlig in seiner eigenen Welt, ist wie eingesponnen in seine Gedanken. Falls er überhaupt noch denkt. Und sie versucht, ihn immer zum Essen zu überreden, und das mit Sätzen wie: Komm, du willst doch wieder zu Kräften kommen, du musst doch essen, damit du wieder in Gang kommst, wir wollen doch wieder zusammen ins Reisebüro fahren und auch noch viele Reisen unternehmen – lauter solche absurden Dinge. Ich habe versucht, mit ihr darüber zu reden, aber sie blockt das ab. Sie verschließt vollkommen die Augen vor den Tatsachen."
„Vielleicht geht es ihr besser, solange sie die Realität verdrängt?", meinte Elisabeth. Im Stillen dachte sie: Darin bist du doch auch ein Meister, genau wie deine Eltern, und deine Mutter hat ebenfalls eine Menge blinder Flecken in ihrem Kopf. Dann sagte sie: „Über all das habe ich auch schon einmal nachgedacht. Vielleicht geben wir ihn zu schnell auf und gehen nur von einer weiteren Verschlechterung seines Zustandes aus. Sollte man nicht eigentlich, wie deine Mutter das tut, stärker um sein Leben kämpfen und an eine gute Zukunft glauben?"
„Aber es wäre doch vollkommen utopisch zu meinen, dass er eine gute Zukunft hat."
„Andererseits: wir können nicht einfach nur auf sein Ende warten. Deine Mutter hat einmal geäußert, sie hätte Herbert lieber krank an ihrer Seite, als ihn zu verlieren."
„Wenn sie ihn nicht hergeben kann, dann muss sie sich logischer-

weise in der Tat darum bemühen, dass er am Leben bleibt. Aber ich bin sicher: es wird sich um eine sehr lange, anstrengende Zukunft mit ihm handeln."
„Und vielleicht erträgt sie die Anstrengungen nur, indem sie sich etwas vormacht, dass es nämlich möglicherweise doch noch einmal wieder einfacher werden könnte."
Michael schwieg gedankenverloren.
„Wie sieht es denn am kommenden Wochenende aus?", fragte Elisabeth, „du weißt, da wird unsere Tochter eingeschult, und ich hoffe, dass du dabei bist. Miriam hat schon ein paar Male ihre Sorge geäußert, du würdest dann wie an jedem Freitag nach Berlin fahren. Meine Eltern werden auch kommen, Agnes und Roland ebenfalls, und ich würde nach dem offiziellen Teil in der Schule so gerne für Miriam eine kleine Feier bei uns im Garten veranstalten."
„Elisabeth, hast du wirklich geglaubt, dass ich bei einem so wichtigen Ereignis im Leben meiner Tochter fehlen würde? Selbstverständlich bin ich dabei. Sie ist schließlich mein einziges Kind, und du weißt, wie wichtig sie mir ist."
„Entschuldige meine Ehrlichkeit, aber in der letzten Zeit hatte ich tatsächlich den Eindruck, dass dir deine Eltern wichtiger sind als sie." Und als ich, dachte sie wehmütig.
„Man kann doch nicht das eine gegen das andere abwägen – sie sind mir alle wichtig, meine Tochter und meine Eltern."
„Und ich nicht?" Elisabeths Stimme klang traurig.
„Natürlich, du auch. Du bist schließlich die Mutter meiner Tochter. Sag mir, wie ich dich bei der Feier für Miriam unterstützen kann. Soll ich den Grill im Garten aufbauen und Miriams Lieblingswürstchen grillen? Ich könnte auch eine große Schüssel von meinem weltberühmten Kartoffelsalat vorbereiten."
„Das wäre super! Ich kann auch gerne die Einkäufe übernehmen. Die Hauptsache ist, du bist da!" Und das ein wenig öfter, dachte sie im Stillen.

Später im Bett sagte sie: „Ach Michael, das hat mir so gut getan, endlich mal wieder richtig mit dir zu reden."
„Das könntest du öfter haben, wenn du mit mir häufiger nach Berlin fahren würdest. Während einer langen Autofahrt kann man wunderbar miteinander sprechen."
„So hatte ich das jetzt nicht gemeint", antwortete sie.
„Ich weiß, Elisabeth." Damit drehte er sich um und schlief ein, während sie noch lange wach lag und grübelte.

September 1985

„Michael, ich habe es mir überlegt. Wenn es dir wirklich so immens wichtig ist, dann brechen wir unsere Zelte hier ab und ziehen nach Berlin", sagte Elisabeth eines Morgens beim Frühstück, „allerdings kann das noch etliche Monate dauern. Wir haben ja noch ziemlich viele Fälle abzuarbeiten. Die Kanzlei aufzulösen – das geht nicht von heute auf morgen."
„In einigen Monaten nützt es nichts mehr. Wer weiß, ob mein Vater dann noch lebt. Der Arzt sagt, es sei erschreckend, wie schnell sein Verfall voranschreitet. So etwas habe er noch nie erlebt."
„Und wie erklärt er sich das?"
„Er meint, das könne nicht nur am Alzheimer liegen. Es komme ihm so vor, als ob Herbert sich geradezu in eine geistige Umnachtung flüchtet."
„Dafür muss es doch einen Grund geben."
„Den weiß er auch nicht. Aber er gibt ihm nicht mehr viel Lebenszeit. Wenn wir also meine Mutter verstärkt unterstützen und ihn noch erleben wollen, dann müssen wir den Umzug bald angehen. Auf jeden Fall noch in diesem Jahr."
„Um Himmels willen, das ist vollkommen unrealistisch."
„Tja, so ist das nun einmal. Komm doch am nächsten Wochenende mit und überzeuge dich selbst von der Situation dort."

„Das hatte ich sowieso vor. Ich will den beiden die Fotos von Miriams Kindergartenfest und von ihrer Einschulung zeigen."

Herbert lag im Bett, als sie in Berlin eintrafen. „Es tut mir leid, wir haben ihn heute nicht überreden können, aufzustehen", sagte Hedwig entschuldigend, „normalerweise setzen wir ihn ja morgens in seinen Sessel, aber heute war er wohl zu schwach dafür."
„Das macht doch nichts", meinte Elisabeth.
Miriam lief auf ihn zu und hielt ihm eines ihrer Fotos, auf dem sie als singendes Eselchen zu sehen war, vor sein Gesicht. Er nahm es in die Hand und strich mit einem Zeigefinger immer wieder über das Bild. Ob er seine Enkelin darauf erkannte, blieb unklar.
„Soll ich dir mein Esellied vorsingen, Opa?"
„Ja, tu das", ermunterte Elisabeth sie.
Miriam hüpfte vor dem Bett hin und her und wackelte wie im Lied beschrieben mit ihrem kleinen Hinterteil. „Eigentlich müsste ich jetzt mein Kostüm anhaben", sagte sie anschließend, „aber das haben wir zu Hause vergessen."
„Macht nichts, Opa hat sich bestimmt trotzdem gefreut", meinte Hedwig.
„Aber er hätte ja wenigstens mal zu mir herübergucken können", beschwerte sich Miriam.
„Das musst du verstehen, Kind. Heute ist nicht sein bester Tag."
„Hat er überhaupt noch beste Tage?", erkundigte sich Michael sarkastisch.
„Natürlich hat er manchmal bessere Tage."
„Und wie sehen die aus?"
„Oh, dann ist er ganz lebhaft, redet und ruft und wackelt mit den Armen."
„Kannst du denn noch verstehen, was er sagt, Mutter? Und was die Bewegungen seiner Arme bedeuten?"

„Na ja, eigentlich nicht. Aber das ist doch auch nicht so wichtig, oder?"
Michael seufzte.
„Ich glaube, Opa muss seinen Spiegel im Kopf mal ein bisschen putzen", erklärte Miriam, „vielleicht gehen ja ein paar blinde Flecken weg und er kann wieder klar gucken."
„Die blinden Flecken auf unserem alten Spiegel zu Hause gehen doch auch nicht wieder weg, selbst wenn man stundenlang darauf herumpoliert", wandte Elisabeth ein, „damit muss man leben. Und sich entsprechend vor den Spiegel stellen, so dass einem die blinden Flecken nicht auffallen. Und Opa gegenüber müssen wir auch sozusagen eine andere Haltung einnehmen, eine innere Haltung, damit uns seine blinden Flecken nicht stören."
„Mich stören sie ja auch gar nicht, Mama, ich wundere mich nur manchmal darüber."
„Und ich wundere mich immer wieder über deine Klugheit", sagte Elisabeth zärtlich.
Abends im Bett sagte Michael zu Elisabeth: „Das ist doch kein Leben mehr für Herbert. So hat sein Leben doch keinerlei Sinn mehr. Und so hätte er niemals dahinsiechen wollen. Dann hätte er sich lieber selber umgebracht."
Elisabeth widersprach energisch: „Doch, natürlich hat sein Leben noch einen Sinn. Er ist für seine Frau da und gibt ihr die Chance, ihn zu umsorgen. Sie braucht offensichtlich länger als wir, bis sie begriffen hat, wie wenig er noch er selbst ist."
„Seine Persönlichkeit ist doch längst verschwunden. Da ist nur noch eine leere Hülle."
„Ach Michael, wer will das beurteilen, was dein Vater mitbekommt? Vielleicht spürt er noch ganz viel, kann sich aber nicht mehr dazu äußern. Hast du bemerkt, als Miriam ihm vorhin ihr Lied vorgesungen hat, da hat er zwar nicht zur ihr hinschauen können, aber seine Augen waren weit offen. Er hat bestimmt etwas wahrgenommen; er kann nur nicht mehr so darauf reagieren wie früher."

„Das mag ja sein, aber morgen müssen wir unbedingt mit meiner Mutter darüber reden, ob es nicht allmählich an der Zeit ist, ihn in ein Pflegeheim zu geben."
„Das wird sie nicht wollen, fürchte ich."
„Warten wir's ab!"
Wie Elisabeth vermutet hatte, lehnte Hedwig ein Pflegeheim für ihren Mann rundherum ab, als sie am nächsten Morgen beim Frühstück das Thema anschnitten. „Solange ich noch zwei gesunde Beine und Hände habe, kommt das überhaupt nicht in Frage", argumentierte sie.
„Aber Mutter, sei doch vernünftig. Jetzt könntest du noch in Ruhe ein schönes Pflegeheim für ihn aussuchen. Wenn du erst einmal zusammengeklappt bist und vielleicht im Krankenhaus landest, dann muss es holterdiepolter gehen, und dann kommt er in das erstbeste Heim, in dem zufällig gerade ein Platz frei ist."
„Wer sagt denn, dass ich zusammenklappe?"
„Na, dann schau mal in den Spiegel. Du siehst doch aus wie eine, entschuldige bitte meine Ehrlichkeit, ausgemergelte alte Flüchtlingsfrau."
„Danke für das Kompliment, mein Sohn. Übrigens: woher willst du eigentlich wissen, wie eine Flüchtlingsfrau aussieht?"
„Vater hat doch bis vor kurzem immer in alten Fotoalben geblättert, und manchmal habe ich mit hineingeschaut. Ja, und da waren auch einige Bilder aus dem Nachkriegsberlin: die Trümmerfrauen mit ihren Kopftüchern, dünn und ausgemergelt, mit verkniffenem Gesichtsausdruck, verbittert, verhärmt. Ein wenig siehst du so aus wie sie. Nur dass du modernere Kleidung trägst. Übrigens war auch ein Bild von dir aus den Jahren damals dabei. Darauf bist du genauso dünn wie heute."
Hedwig schwieg nachdenklich. „Du magst ja recht haben, Michael. Aber für mich ist es trotzdem noch zu früh, deinen Vater wegzugeben. Ich könnte mir gar nicht vorstellen, ihn nachts nicht mehr neben mir liegen zu haben, seinen Atem zu hören,

manchmal auch sein Schnarchen, morgens nicht mehr zu ihm sagen zu können: Na, hast du auch gut geschlafen? Er muss mir nicht antworten; die Hauptsache, er ist da. Mein Entschluss steht fest: er bleibt hier!" Nach einer kurzen Gedankenpause fügte sie hinzu: „Natürlich wäre für mich alles einfacher, wenn ihr mehr in der Nähe wärt. Aber das ist ja nun einmal nicht möglich."
„Mutter, wir überlegen, ob wir hierher ziehen", sagte Elisabeth. „Nein, das sollt ihr nicht!", rief Hedwig, „ihr habt euer Leben in Hamburg. Ich würde nie von euch erwarten, dass ihr das für mich aufgebt."
„Mir ist es selber wichtig, dich mehr zu unterstützen", erklärte Michael, „ich werde bis zum Jahresende meine letzten Fälle in Hamburg abwickeln beziehungsweise abgeben, und dann komme ich her. Vorausgesetzt, ich darf wieder in meinem alten Kinderzimmer wohnen. Elisabeth und Miriam können ja dann irgendwann hinterher kommen."
„Michael, das haben wir nicht abgesprochen", rief Elisabeth empört aus, „du kannst nicht einfach so Knall auf Fall deine Hälfte unserer gemeinsamen Kanzlei niederlegen. Das muss doch gemeinsam geplant und besprochen werden."
Michael zuckte mit den Schultern. „Das können wir am Sonntagabend auf der Rückfahrt besprechen", gab er ihr er kurz angebunden zu verstehen, „im Übrigen habe ich schon Kontakt zu einer großen Kanzlei hier in Berlin aufgenommen. Die würden mich wahrscheinlich übernehmen. Und für dich kann ich dann auch ein gutes Wort einlegen. Oder du machst mal ein Sabbatjahr. Das würde auch Miriam zugutekommen. Du kannst ihr dann hier beim Einleben helfen."
Miriam hatte dem Gespräch mit weit geöffneten Augen gelauscht. „Papa, kommst du gar nicht mehr nach Hamburg zurück? Willst du nicht mehr bei uns wohnen?", fragte sie erschrocken.
„Natürlich will ich mit euch zusammen sein, meine Kleine. Deshalb sollt ihr doch auch möglichst bald nachkommen. Wir

suchen uns ein hübsches kleines Haus ganz in der Nähe von Oma und Opa."

„Da wirst du lange suchen können", sagte Hedwig, „hübsche kleine Häuser sind hier in der Gegend Mangelware. Und wenn du eines finden solltest, ist es unbezahlbar."

„Ach, da wird sich schon was finden", meinte Michael leichthin. Elisabeth saß zornentbrannt dabei. Am liebsten hätte sie Michael an den Schultern gepackt, ihn geschüttelt und ihm ins Gesicht geschrien, was sie von seinen übereilten Entschlüssen und seiner Geheimniskrämerei hielt. Aber Miriam zuliebe nahm sie sich zusammen und sagte nur: „Du machst es dir ziemlich einfach, mein Lieber, da ist das letzte Wort noch nicht gesprochen."

„Mein Entschluss steht fest. Und nun Schluss der Debatte! Ich werde mich jetzt zu meinem Vater ans Bett setzen. Vielleicht ist er ja wach. Und wenn nicht, kann ich bei ihm in Ruhe einige Akten durcharbeiten oder Zeitung lesen. Er widerspricht mir zumindest nicht." Damit verließ er das Zimmer und ließ zwei ratlose Frauen und ein verstört dreinblickendes Kind zurück.

Hedwig und Elisabeth sahen sich betroffen an. „Ja, hat er das denn nicht mit dir abgesprochen?", fragte Hedwig entsetzt.

„Wir haben überlegt, eventuell irgendwann einmal diesen Schritt zu tun. Aber dass es jetzt so schnell gehen soll, davon war bisher noch keine Rede. Er kann mich doch nicht mit der Kanzlei und dem Abwickeln aller Geschäfte alleine lassen. Und wir müssen beruflich erst einmal eine Perspektive in Berlin haben. Wie stellt er sich das bloß vor? Ist er denn völlig kopflos geworden?"

„So ein Leichtsinn", schimpfte jetzt auch seine Mutter.

In dem Moment tauchte Schwester Elisabeth auf. „Schön, dass ich Sie einmal wiedersehe", sagte sie zu Elisabeth, „Ihren Mann habe ich ja schon öfter hier erlebt. Ich bewundere immer wieder, wie liebevoll er mit seinem Vater umgeht."

„Ach, tut er das?", fragte Elisabeth und konnte sich einen sar-

kastischen Unterton nicht verkneifen, „zu mir ist er im Moment nämlich alles andere als liebevoll."
„Ja, so sind sie, die Männer", lachte die Schwester, „es ist immer nur für eine Sache oder eine Person Platz in ihrem Kopf." Sie strahlte eine ungeheure Herzlichkeit aus, und Elisabeth wäre ihr gerne freundlicher entgegengetreten. Aber der Ärger über Michael saß noch zu tief.
Auf der Rückfahrt nach Hamburg hatte Elisabeth einen Schreibblock auf ihren Knien und fertigte eine Liste an, was auf Grund von Michaels geplantem Umzug alles in nächster Zeit bedacht und erledigt werden musste, sowohl beruflich als auch privat. Aber sie kam nicht weit mit ihren Notizen, weil Miriam, die normalerweise auf der Heimfahrt sehr schnell einschlief, plötzlich laut zu jammern begann. „Mein Ohr tut so weh", weinte sie, „und ich habe ganz dollen Durst." Gegen den Durst hatte Elisabeth vorsorglich eine Flasche Saft eingepackt, gegen die Ohrenschmerzen hatte sie nichts dabei.
Sie bat Michael, kurz anzuhalten, damit sie sich nach hinten zu Miriam setzen konnte und wiegte sie in ihren Armen, bis sie wieder einschlief. Ihr Kopf war hochrot und heiß, und im Schlaf schluchzte sie manchmal vor sich hin. Zuhause trug Michael sie vorsichtig in ihr Bett. Dabei wachte sie auf und begann wieder zu weinen. Elisabeth gab ihr ein Schmerzzäpfchen und sagte: „Einer von uns muss morgen seine Termine absagen und mit ihr zum Kinderarzt fahren. Michael, könntest du das bitte übernehmen – ich habe eine Verhandlung bei Gericht."
„Und ich habe für morgen Vormittag ein Telefongespräch vereinbart mit dem Chef der Berliner Kanzlei, in der ich demnächst arbeiten möchte; ich kann also auch nicht."
„Aber wir können sie in diesem Zustand doch nicht alleine lassen. Und sie schon gar nicht in die Schule schicken!"
„Siehst du, solche Situationen sprechen auch dafür, dass wir in die Nähe meiner Eltern ziehen. Dann kann meine Mutter kurzfristig einspringen, wenn wir beide mal keine Zeit für Miriam haben."

„Wie soll deine Mutter das denn einrichten können – sie hat doch mit deinem Vater alle Hände voll zu tun. Bitte, Michael, du kannst dein Telefongespräch sicher auch am Nachmittag oder am Dienstag führen."
„Wenn es unbedingt sein muss", grollte er, „aber es macht keinen guten Eindruck auf einen zukünftigen Chef, wenn man gleich zu Anfang eine Vereinbarung nicht einhält."
„So ist das nun einmal, wenn man kleine Kinder hat; da kann immer mal etwas dazwischen kommen."
„Ein weiterer Grund, als Mutter ein paar Jahre lang nicht zu arbeiten."
„Willst du mir ein schlechtes Gewissen einreden, weil ich berufstätig bin? Es war doch damals unsere Übereinkunft, dass ich weiterhin mitarbeiten würde. Und zu der Zeit haben wir noch gemeinsame Entscheidungen getroffen, was ja heutzutage nicht mehr der Fall zu sein scheint." Elisabeth war empört.
Der Kinderarzt stellte bei Miriam einen grippalen Infekt mit einer heftigen Mittelohrentzündung fest. „Ich frage mich, wie sie zu dieser Jahreszeit an solch einen Infekt geraten konnte", sagte er zu Michael, „es ist doch noch gar nicht Erkältungszeit. Und ihr hohes Fieber macht mir auch Sorgen. Ich will ja nicht indiskret sein, Herr Reinicke, aber ist Ihre Tochter zur Zeit einer größeren emotionalen Belastung ausgesetzt?"
Michael wies diese Mutmaßung entschieden von sich, aber insgeheim musste er sich doch eingestehen, dass Miriam vielleicht Angst vor den vor ihnen liegenden Veränderungen hatte. Elisabeth gegenüber verschwieg er diesen Teil des Gesprächs mit dem Arzt lieber; er fürchtete, dass sie ihm womöglich Vorwürfe wegen seines übereilten Handelns machen würde.
Am Abend fragte Elisabeth ihn: „Wie war denn das Telefongespräch mit deinem zukünftigen Chef?"
„Das fand nicht statt. Er hatte wohl den Eindruck, dass ich unzuverlässig bin, weil ich nicht zum vereinbarten Zeitpunkt bei ihm angerufen habe."

„Aber du hättest doch seiner Sekretärin sagen können, dass wir einen familiären Notfall hatten."
„In solch einer renommierten Kanzlei können familiäre Notfälle, wie du sie nennst, nicht berücksichtigt werden. Da hat jeder Mitarbeiter selbst dafür zu sorgen, dass so etwas nicht vorkommt und Zusagen eingehalten werden."
„Dann gibt es dort sicher auch keine Mitarbeiterinnen mit Kindern. Ein schöner Männerverein! Und da soll ich auch irgendwann arbeiten?" Wieder einmal ertappte sie sich dabei, dass ihre Stimme heftiger klang als beabsichtigt und ihre Wortwahl ungewohnt sarkastisch war.
Am Tag darauf konnte Elisabeth sich freinehmen, um zu Hause zu bleiben. Sie setzte sich an Miriams Bett und las ihr aus den Kinderbüchern vor, die sie schon mit ihrer eigenen Mutter betrachtet hatte, als sie selbst klein gewesen war: Hänschen im Blaubeerwald, Die Häschenschule und Die Heinzelmännchen zu Köln. Wenn es Miriam zu langweilig im Bett wurde, setzte Elisabeth sie, in eine Wolldecke gehüllt, in ihrem Arbeitszimmer auf das rote Ledersofa und ließ sie Kassetten vom singenden Elefanten hören, während sie selbst versuchte, einen Teil ihrer aus dem Büro mitgebrachten Arbeit zu erledigen.
Einmal fragte Miriam ihre Mutter: „Kommt Papa heute Abend nach Hause, oder ist er wieder in Berlin und bleibt für immer da?" Offensichtlich schien sie sich immer noch mit dem Gespräch ihrer Eltern über den geplanten Umzug zu beschäftigen. Es war deutlich, dass sie aufs äußerste verunsichert war, und es gelang Elisabeth nur teilweise, ihr die Ängste zu nehmen.
In den folgenden Tagen wechselte sie sich mit Michael in der Pflege von Miriam ab, was jeden Tag aufs Neue viel Organisation verlangte. Nach über einer Woche erst durfte Miriam wieder in die Schule. Ihre Klassenlehrerin war entsetzt, wie klein und spitz ihr Gesichtchen geworden war. Als Elisabeth sie mittags wieder abholte, bat die Lehrerin sie zu einem kurzen

Gespräch. „Ihre Tochter hat uns erzählt, Sie würden alle nach Berlin ziehen. Ist das wirklich so, oder hat sie sich nur etwas ausgedacht?"
„Nein, nein, das ist schon richtig. Wir haben das vor."
„Sie hat übrigens bitterlich geweint, als sie davon sprach."
„Wenn ich nur wüsste, wie wir ihr diesen Wechsel leichter machen könnten. Ich würde ja auch lieber hier bleiben, aber mein Mann hält es für wichtig, dass wir in die Nähe seines kranken Vaters und seiner überlasteten Mutter ziehen."
„Wenn Sie beide eine unterschiedliche Einstellung zu Ihrem Umzug haben, dann wird Ihre Tochter das sicher spüren und entsprechend verunsichert darauf reagieren. Es würde ihr bestimmt helfen, wenn sie den Eindruck hätte, Sie sind sich beide einig."
„Ja, und das ist leider nicht der Fall", sagte Elisabeth bedrückt.
„Dann reden Sie aber zumindest offen mit ihr darüber."
„Das werde ich versuchen. Ich hoffe, dass sie das versteht."
„Kinder sind manchmal klüger, als wir Erwachsenen denken. Aber sie sollten von allen Entscheidungen und Veränderungen ehrlich informiert werden."
„Sie haben recht. Ich werde es beherzigen."

Oktober 1985

„Lieschen, ich habe ein ganz schlechtes Gewissen", sagte Agnes eines Tages am Telefon.
„Warum?"
„Ich hatte dir versprochen, mich kundig zu machen bezüglich des Zusammenhangs zwischen Kriegserlebnissen und Demenz. Möchtest du hören, was ich dabei herausgefunden habe?"
„Natürlich, schieß los!"
„Also: Es gibt ja verschiedene Arten von Demenz. Dich interessiert vermutlich die Alzheimer-Demenz. Und das scheint nach dem derzeitigen Stand der Forschung in erster Linie eine Veränderung im Gehirn zu sein, die auf Stoffwechselstörungen zurückgeht. Über die Ursachen dieser Veränderungen weiß man noch gar nichts, und ich habe nirgendwo einen Hinweis darüber gefunden, dass psychische Gründe der Auslöser sein können. Deine Theorie, dass verdrängte Traumata eine Alzheimererkrankung hervorrufen können, wird in keinem Fachbuch erwähnt. Das bedeutet: entweder trifft sie nicht zu, oder sie ist so neu, dass sie in der Fachliteratur noch nicht auftaucht. Mehr kann ich dir dazu nicht sagen."
„Schade, ich hatte gehofft, dass du meine Vermutungen vielleicht hättest bestätigen können."
„Warum ist dir das so wichtig zu wissen?"
„Ich habe mir gedacht: Wenn es erwiesenermaßen einen

Zusammenhang gibt, dann könnte man vielleicht Herbert helfen, Licht in seine düsteren, verdrängten Erinnerungen zu bringen. Und dann würde er möglicherweise wieder ein wenig klarer im Kopf werden."
„Aber wie willst du bei seinem jetzigen Zustand Licht in seine geistige Dunkelheit bringen?"
„Du hast recht – dafür ist es jetzt wahrscheinlich zu spät. Das hätte viel früher geschehen müssen. Es ist trotzdem lieb von dir, dass du dir für mich so viel Mühe gegeben hast."
„Das war keine Mühe für mich. Es hat mich ja selbst interessiert. Wenn ich Neues erfahre, werde ich es dir selbstverständlich mitteilen."
In dem Augenblick betrat Michael das Zimmer. „Telefonierst du gerade mit Agnes?", fragte er leise. Elisabeth nickte. „Dann gib sie mir bitte." „Michael will dich auch sprechen; ich gebe den Hörer weiter. Tschüss, Agnes."
„Liebe Schwägerin, du weißt sicher, dass ich in zwei Wochen Geburtstag habe", sagte Michael, „ich habe in diesem Jahr Lust, den Tag ganz groß zu feiern, zumal er auf einen Samstag fällt und es mein letzter Geburtstag in Hamburg sein wird. Ich möchte dich und Roland herzlich dazu einladen. Hoffentlich hast du an dem Wochenende nicht gerade Dienst in der Klinik. Dass ihr an einem Oktobertag im Segelboot über die Kieler Förde schippert, damit ist wohl nicht zu rechnen, oder?"
Elisabeth hörte ihre Schwester durch den Hörer lachen und die Einladung mit Dank annehmen.
„Aber wieso wird das dein letzter Geburtstag in Hamburg sein?", fragte Agnes.
„Das erzähle ich dir, wenn du hier bist", meinte Michael und legte auf.
„Du hast mir mal wieder nichts von deinen Plänen erzählt", sagte Elisabeth, „aber in diesem Falle, deiner Geburtstagsfeier, finde ich sie richtig gut. Wir haben schon lange niemanden aus unserem Freundeskreis mehr eingeladen. An wen hast du denn

dabei gedacht? Und was wollen wir anbieten? Soll ich mal wieder eine große Pfanne spanische Paella kochen? Die ist doch immer gut angekommen."

„Das sehen wir dann", wehrte er ihre Vorschläge ab.

Miriam überlegte tagelang, was sie ihrem Papa zum Geburtstag schenken konnte. Sie bastelte schließlich aus Pappe und Wolle eine ganze Eselfamilie und plante, den Gästen noch einmal ihr Esellied vorzusingen „Aber mit Kostüm!", sagte sie energisch.

„Sie hat sich gemerkt, wie sehr alle im Kindergarten über sie gelacht haben, als sie damals das Lied gesungen hat, und wie viele Komplimente sie für ihren Auftritt bekommen hat. Hoffentlich erlebt sie niemals, dass ein fröhliches Lachen in ein Ausgelachtwerden übergeht", sagte Elisabeth zu Michael, „noch meint sie, ein Lachen sei immer etwas Lustiges. Dass es auch ein hämisches Lachen oder ein Lachen aus Schadenfreude gibt, hat in ihrem Kopf noch keinen Platz."

„Ja, manchmal können blinde Flecken im Kopf auch ganz gut sein."

Wenige Tage darauf rief Agnes erneut an und war hörbar aufgeregt: „Lieschen, stell dir vor, ich habe in einem Artikel einer brandneuen Fachzeitschrift etwas total Spannendes entdeckt, das dich sicher interessieren wird."

„Ich bin ganz Ohr, lass es raus, Agnes!"

„Es gibt tatsächlich einen Wissenschaftler, der die Auffassung vertritt, dass es vor dem Ausbruch einer Alzheimererkrankung einen konkreten Auslöser gegeben haben muss, irgendein emotional stark aufgeladenes Erlebnis, das dann quasi den Anstoß für die Demenz gegeben hat. Weißt du, ob Herbert im vergangenen Jahr etwas Besonderes zugestoßen ist, das ihn emotional bewegt oder belastet hat?"

„Keine Ahnung, aber ich werde Hedwig bei Gelegenheit danach fragen."

„Ich habe mit dem Autor dieses Artikels telefoniert; er forscht an einer Klinik in München. Er konnte mir von zahlreichen

Alzheimerpatienten erzählen, bei denen genau das zutraf: ein Ereignis oder ein Gedanke, der das, woran der Mensch bisher geglaubt hat, auf den Kopf gestellt und damit seine ihm bekannten Denkstrukturen zerstört hat. Dieser Forscher stellt sogar die Behauptung auf, wenn man den Auslöser nur früh genug wüsste, könnte man den Erkrankten ein Stück weit wieder aus seiner Demenz herausholen. Ich habe diese Theorien noch nicht ganz begriffen, aber ich werde mich weiter damit beschäftigen."

„Ach, Agnes, das klingt wirklich faszinierend. Ich bin gespannt, was du noch alles herausfindest."

„Du hast meine medizinische Neugier geweckt, Schwesterherz. Aber ob diese Entdeckungen euch in euren Familienkonflikten weiterhelfen, wage ich zu bezweifeln."

„Vermutlich nicht, aber es interessiert mich dennoch. Halt mich auf dem Laufenden, Agnes."

„Gerne, und du fragst bitte vorsichtig bei Hedwig nach, was sich denn vor dem Ausbruch von Herberts Krankheit ereignet hat."

Michael lehnte Elisabeths Angebote, ihm bei den Vorbereitungen für seine Geburtstagsfeier zu helfen, freundlich aber bestimmt ab: „Das ist mein Fest, und einmal im Leben möchte ich selber alles planen und vorbereiten", verkündete er. Elisabeth gab sich Mühe, nicht eingeschnappt zu wirken, fühlte sich jedoch ein wenig übergangen. Außerdem hatte sie den Eindruck, dass er bei seinen Einkäufen etwas planlos vorging. In der Garage stapelten sich die Bierkästen, aber an Mineralwasser für die Autofahrer hatte er offenbar nicht gedacht. Er ging auch nicht auf ihr Angebot ein, für die Gäste zu kochen, sondern bestellte stattdessen beim Schlachter einen großen Topf Gulaschsuppe und beim Bäcker einige Meterbrote. „Locker und rustikal soll es werden", so war seine Vorstellung. Agnes' und Rolands Frage, ob sie schon am Vormittag kommen und ihm bei den Vorbereitungen helfen dürften, bejahte er jedoch.

„Lieschen, ihr habt ja ein neues Sofa", rief Agnes begeistert aus, als sie mit einem Tablett voller Gläser das Arbeitszimmer ihrer Schwester betrat, „und so eine schicke rote Farbe! Toll!"
„Nicht wir – ich bin diejenige, die ein neues Sofa hat", erklärte ihr Elisabeth, „das heißt, so neu ist es schon gar nicht mehr. Du warst eben lange nicht mehr in meinem Arbeitszimmer. Miriams Einschulungsfeier haben wir ja im Garten gefeiert. Michael findet das Sofa übrigens schrecklich. Er meint, es passe nicht zu unseren anderen Möbeln, und deshalb darf es nicht im Wohnzimmer stehen. Außerdem hatten wir Krach wegen des Preises."
„Ach, da soll er nicht so kleinlich sein. Ihr habt doch das Geld."
„Wahrscheinlich hat er gemeint, solch eine teure Anschaffung hätte man gemeinsam tätigen sollen."
„Tja, das ist die Frage, welche Entscheidungen man als Ehepaar gemeinsam treffen sollte, und welche Entscheidung jeder allein fällen darf. Ich bin jedenfalls immer noch gerne mein eigener Herr beziehungsweise Frau, und deshalb habe ich Rolands Heiratsanträge immer noch nicht angenommen."
„Wie lange willst du denn noch warten mit dem Heiraten?", neckte Elisabeth sie, „etwa, bis du eine alte Jungfer geworden bist?"
„Als alte Jungfer leben soll nicht das Schlechteste sein, habe ich mir sagen lassen. Zumindest hast du deine Selbständigkeit. Und es soll viele glückliche Nonnen geben und gegeben haben."
„Ich fühle mich als verheiratete Frau aber auch nicht schlecht."
„Jedem das Seine, kleine Schwester."
Den Gästen schmeckte die rustikale Gulaschsuppe offensichtlich gut; die Stimmung war so gelöst, wie Michael sich das erhofft hatte. Auch über Miriams Auftritt wurde herzlich gelacht. Sie empfand es allerdings als Schmach, dass sie anschließend ins Bett geschickt wurde. Sie wäre gern bis zum Ende der Party dabei geblieben und protestierte laut, aber Elisabeth sah, dass ihr gegen zehn Uhr die Augen zufielen. Agnes gelang es, sie zu

beruhigen, indem sie ihr versprach, heute von ihr anstatt von ihrer Mutter ins Bett gebracht zu werden, mit einer langen Gutenachtgeschichte und einem Abendlied noch dazu.
Als sie wieder in der Runde auftauchte, setzte Michael zu einer Rede an. Er hob sein Glas und sagte: „Lasst uns heute alle gemeinsam auf unsere Freundschaft trinken. Dies ist unser letztes Fest hier in Hamburg, denn wir verlassen diese wunderbare Stadt. Auf euch! Prost!"
Ein großes Stimmengewirr erhob sich: „Was? Warum? Wohin geht ihr?"
„Wir ziehen nach Berlin", erklärte Michael, „zunächst ich allein, Miriam und Elisabeth kommen möglicherweise irgendwann später nach. Meine Eltern brauchen uns jetzt in ihrer Nähe."
Die Reaktion der Gäste schwankte zwischen Bedauern und Neugier, aber er weigerte sich, weitere Informationen preiszugeben. „Wir haben noch keine Wohnung und keine Arbeit, aber ich bin sicher, es wird sich irgendetwas finden", wehrte er alle Nachfragen ab.
„Ganz schön mutig, dein Michael", flüsterte Agnes ihrer Schwester zu.
„Oder leichtsinnig", gab diese zurück, „für mich sind das alles ungefangene Fische. Und du kannst dir denken, dass ich gar nicht gerne hier wegziehe. Miriam ist auch ganz unglücklich darüber."
„Ach Lieschen, gib deinem ängstlichen Herzen einen kleinen Schubs und freu dich auf ein großes Abenteuer. Berlin – die großartige Stadt im Herzen Deutschlands! Miriam ist jung genug, um überall neue Freundinnen zu finden. Und wenn es dir in Berlin einmal zu eng sein sollte, dann setzt du dich in ein Flugzeug und kommst zu mir nach Kiel."
„Ich hatte gehofft, du hilfst mir, Michael umzustimmen, aber wie ich sehe, hast du dich auf seine Seite geschlagen."
„Muss ich mich denn für eine Seite entscheiden? Kann ich nicht ganz neutral bleiben?"

„Nein", schmunzelte Elisabeth, obwohl sie sich ein wenig wehmütig fühlte, „du bist meine Schwester, nicht Michaels. Wage es nicht, ihn zu unterstützen. Das kann meinetwegen Roland tun. Von dir erwarte ich Solidarität mit mir!"
„Arme kleine Schwester, du bist groß genug, um deine Angelegenheiten selber durchzufechten. In deinem Beruf kämpfst du ja auch erfolgreich für die Rechte anderer Menschen. Also, wenn du meinst, es sei nicht richtig, was Michael vorhat, dann kämpfe für dich."
„Ach, weißt du, Agnes, dafür ist es zu spät. Ich habe ihm ja schon meine Zusage gegeben, dass ich mit nach Berlin komme. Wenn auch nur ziemlich halbherzig."
„Tja, wenn du ihm das schon versprochen hast, dann musst du das jetzt wohl ausbaden."
„Hoffentlich ist das Badewasser nicht zu kalt für mich." Elisabeth lächelte unsicher und fügte dann hinzu: „Komm Agnes, ich habe noch eine Flasche Sekt im Kühlschrank. Davon trinken wir jetzt ein bis fünf Gläser, okay? Und dann erzähle ich dir, was Hedwig mir auf meine Frage geantwortet hat, ob es vor dem Ausbruch von Herberts Krankheit irgendein besonderes Ereignis gegeben hat."
„Na, da bin ich aber gespannt."
Als alle Gäste gegangen waren, lehnte Michael das Angebot der beiden Schwestern, ihm beim Aufräumen zu helfen, rigoros ab. Nur Rolands Unterstützung ließ er zu. „Das war mein Abschiedsfest, ich habe es vorbereitet, darum werde ich es auch nachbereiten", erklärte er mit Nachdruck. Also zogen sich die beiden Frauen in Elisabeths Arbeitszimmer zurück und ließen sich mit ihren Sektgläsern auf dem roten Sofa nieder.
„Zu Anfang konnte Hedwig mit meiner Frage gar nichts anfangen", erzählte Elisabeth, „aber nach einigen Tagen fiel ihr doch etwas ein, das vielleicht im Zusammenhang mit Herberts Krankheit stehen könnte. Sie erinnerte sich plötzlich daran, dass zu Beginn des vergangenen Jahres einmal eine neue Kun-

din das Reisebüro betreten hatte und Herbert plötzlich ganz aufgeregt war. Anfangs hatte er sie gar nicht weiter beachtet. Doch dann stellte sich heraus, dass es sich um die Witwe eines seiner gefallenen Kriegskameraden handelte. Herbert hat sie spontan zum Kaffee eingeladen und dann am Abend auch noch mit nach Hause gebracht. Hedwig fand das Auftreten dieser Dame reichlich unpassend."
„Was heißt unpassend?", fragte Agnes.
„Na ja", fuhr Elisabeth in ihrem Bericht fort, „zunächst hatten sie und Herbert nur Erinnerungen an den Toten ausgetauscht, aber dann nahm das Gespräch eine ganz andere Wendung. Sie hat von da an immer wieder durchblicken lassen, welch ein unerhörtes, ja geradezu unverdientes Glück Herbert gehabt hätte, lebend davongekommen zu sein. Und sie betonte mehrfach, wie dankbar Hedwig doch sein müsste, ihren Mann behalten zu haben. Dabei waren Herbert und Hedwig ja noch gar nicht miteinander bekannt, geschweige denn verheiratet, als dieser Kriegskamerad fiel. Hedwig sagte, dieser moralisierende Unterton in allen Äußerungen der Frau hätte ihr überhaupt nicht gefallen. Für sie war das ein höchst anstrengender Abend, aber Herbert hätte wie gebannt an den Lippen der Frau gehangen und jeden Satz von ihr förmlich aufgesogen. Vor allem das ständige Betonen des unverdienten Glücksfalls, dass seine Lungenentzündung ihn vor dem Tod bewahrt hatte, bewegte ihn offensichtlich sehr und beschäftigte ihn auch noch tagelang danach. Mehrfach soll die Frau sogar angedeutet haben, dass er möglicherweise ein Simulant war und die Lungenentzündung und das Fieber nur erfunden habe, indem er mit dem Fieberthermometer in heißem Tee gerührt hätte. Sie hat das natürlich nicht als direkte Anklage formuliert, durchaus aber angedeutet, dass andere Soldaten das wohl so gemacht hätten, um sich vor Kampfeinsätzen zu drücken."
Elisabeth schwieg einen Moment, griff nach ihrem Glas, nahm

einen großen Schluck und erzählte dann weiter: „Er hat sich dann wohl noch einige Male ohne Hedwig mit dieser Frau getroffen, und jedes Mal kam er bedrückter und voller Mitgefühl für die Witwe nach Hause. Irgendwann hat Hedwig ihm nahe gelegt, diese Verabredungen bleiben zu lassen, weil sie ihm nicht gut taten, und das hat er dann offensichtlich eingesehen."
Elisabeth nippte an ihrem Sektglas. „Meinst du, Agnes, das alles hat etwas mit dem Ausbruch seiner Krankheit zu tun?"
„Das kann ich nicht beurteilen, aber eine gewisse Logik kann ich durchaus darin entdecken."
„Das musst du mir erklären; mir kommt das alles sehr verworren vor."
„Herbert hat vielleicht all die Jahre nach dem Krieg geglaubt, es sei wirklich ein Zufall gewesen, dass er nicht in den Stalingrader Kessel gekommen ist. Plötzlich ist da jemand, der andeutet, er hätte diesen Glücksfall, den angeblichen Zufall, selbst herbeigeführt, um sich zu drücken. Da kann ich mir vorstellen, dass in gewisser Weise ein Weltbild in ihm zusammengebrochen ist und er sich unendlich schuldig gefühlt hat. Seine bisherige Sicht auf die Dinge wurde mit einem Schlag in Frage gestellt; das muss ihn sehr bewegt haben. Und wenn jemand einen solch starken Gefühlsdruck nicht mehr aushält, dann scheint mir die Flucht in eine Demenz doch eine ganz verständliche Lösung. Oder zumindest wie ein Ausweg in einer emotional ausweglosen Situation."
Elisabeth sah ihre Schwester betroffen an. „Meinst du wirklich, so war es bei Herbert?"
„Schwesterherz, ich weiß es nicht. Wie gesagt: für mich hat das schon eine gewisse Logik. Die Vermutung, dass es da einen Zusammenhang gibt, liegt nahe, aber sie ist durch nichts zu beweisen. Solchen Fragen sollen die Forscher auf den Grund gehen. Irgendwann einmal gibt es vielleicht stichhaltige Argumente oder Beweise für einen Zusammenhang. Aber wenn ich dir einen Rat geben darf, Lieschen: an deiner Stelle würde

ich weder mit Michael noch mit Hedwig darüber reden. Die würden das vermutlich als Phantasterei abtun. Und sie hätten auch ein wenig recht damit, denn dieser Erklärungsversuch hilft ja jetzt nicht weiter. Herberts Demenz ist mittlerweile so weit fortgeschritten, dass es im Moment nicht mehr um Ursachenforschung gehen kann, sondern nur noch um Hilfe für die Zukunft."
„Aber wenn deine Erklärung zutrifft, dann müsste man doch auf Grund deiner Theorie andere Menschen vor einer Flucht in die Demenz bewahren können."
„Vielleicht hast du recht, und deshalb werde ich, wenn du deine Zustimmung gibst, Herberts Geschichte mit meinen Kollegen aus der Neurologie besprechen und auch den Arzt in München noch einmal anrufen. Natürlich werde ich Herberts Fall anonym behandeln, aber doch so konkret, dass er in die Ursachenforschung der Alzheimererkrankung eingehen kann."
„Jetzt bist du ganz Wissenschaftlerin", seufzte Elisabeth, „und dabei wollte ich doch von dir nur hören, was uns als Familie weiterhilft."
„Seid lieb zu Herbert und sucht euch Unterstützung, mehr kann ich euch nicht raten, denn mehr gibt es zur Zeit nicht an Hilfe."
„Du hast ja recht", meinte Elisabeth und stützte ihren Kopf in beide Hände.
„Und vor allem musst du auf Miriam aufpassen, die scheint mir gerade etwas verunsichert zu sein", fügte Agnes hinzu.
„Aber wie soll ich das tun, wenn Michael ständig mit neuen unabgesprochenen Entscheidungen aufwartet?"
„Auch wenn ich mich wiederhole: sei lieb zu ihr und such dir Unterstützung, kleine Schwester."
Elisabeth nickte. Allmählich fielen ihr die Augen zu. „Lass uns ins Bett gehen", schlug sie vor. Aber als sie dann versuchte einzuschlafen, standen ihr ständig Bilder von Herbert vor Augen: als junger Soldat in einer eiskalten russischen Landschaft,

als Schwerkranker auf einer Lazarettpritsche liegend und schließlich als verstummter Greis in einem Berliner Pflegeheim. Schließlich stand sie wieder auf, nahm einen Löffel Baldriantropfen und fiel dann endlich in einen tiefen Schlaf.

November 1985

„Du musst heute nicht mitkommen nach Berlin", sagte Michael eines Freitagmorgens, „ich weiß ja, wie lästig dir diese Fahrten sind. Ich kann auch ganz gut alleine fahren."
„Umso besser", antwortete Elisabeth, „das kommt mir sehr gelegen. Ich habe nämlich den Eindruck, dass bei mir ein Schnupfen im Anmarsch ist, und den möchte ich auf gar keinen Fall zu deinem Vater schleppen."
„Dann mach dir ein ruhiges Wochenende und schlaf dich aus, damit du am Montag wieder fit bist."
Am Samstag fühlte sie sich richtiggehend erkältet. Sie verbrachte den Tag weitgehend auf ihrem roten Sofa, mit heißem Tee, Wolldecke und Wärmflasche, während Miriam auf dem Teppich saß und mit sich selbst Memory spielte. Ab und zu schleppte sie sich in die Küche, um für die Kleine etwas zum Essen zuzubereiten. Am Sonntag legte Elisabeth, ganz gegen ihre erzieherischen Prinzipien, Videocassetten ein und schaute sich mit ihrer Tochter stundenlang Filme an: Mary Poppins, Biene Maja und Geschichten vom Kasperle. Sie hatte gehofft, dass Michael zumindest kurz einmal anrufen würde, um sich nach ihrem Befinden zu erkundigen, aber das geschah nicht.
Als er am Sonntagabend nach Hause zurückkehrte, schlief sie schon. Zu ihrer Erkältung hatten sich noch Halsschmerzen und leichtes Fieber gesellt. Am nächsten Morgen wurde

sie erst wach, als er bereits das Haus verlassen hatte. Miriam saß im Schlafanzug in der Küche und frühstückte allein ihre Cornflakes. „Es ist doch schon spät, Papa hätte dich doch auf dem Weg zur Arbeit in die Schule bringen können", sagte sie ärgerlich, „ich bin krank; ich werde mich heute in der Kanzlei abmelden und wollte eigentlich nicht Autofahren müssen, sondern im Bett bleiben. Jetzt muss ich dich also wegbringen."
„Papa hat keine Zeit heute, hat er gesagt. Und er meint, ich könnte ja auch ruhig mal einen Tag zu Hause bleiben."
Und mir wäre ein Tag ganz allein, ohne mich um das Kind kümmern zu müssen, sehr recht gewesen, um meine Erkältung auskurieren zu können, dachte sie enttäuscht. „Möchtest du denn in die Schule?"
„Na klar, da ist es immer so schön. Und fehlen darf man nur, wenn man selbst krank ist!"
„Dann fahre ich dich jetzt hin", seufzte Elisabeth.
Nach ihrer Rückkehr beschloss sie, wenn sie nun schon auf den Beinen war, die notwendigste Hausarbeit zu erledigen, bevor sie sich wieder hinlegte. So vieles war in den letzten Tagen liegen geblieben. Als sie gerade den Mülleimer nach draußen tragen wollte, kam eine Nachbarin vorbei.
„Na, ist Ihr Telefon wieder in Ordnung?", fragte sie.
„Wieso, das war doch gar nicht kaputt", wunderte sich Elisabeth.
„So? Na, dann ist es ja gut. Ich dachte nur, es wäre defekt, weil ich Ihren Mann vor einigen Tagen in einer Telefonzelle gesehen habe. Schönen Tag noch!"
Wieso telefonierte Michael denn von einem öffentlichen Telefon aus? Sie hatten doch ihr Telefon zu Hause in der Diele stehen, und im Büro hatte er auch eines. Merkwürdig.
Nachdem der Abwasch und die Wäsche erledigt waren, griff sie sich die Gießkanne, um die Topfblumen auf allen Fensterbrettern zu gießen. In Michaels Arbeitszimmer stand eine große Orchidee, die dringend Wasser brauchte. Sie wollte eben das

Zimmer wieder verlassen, als ihr Blick auf einen Stapel Bücher fiel, der auf seinem Schreibtisch lag. „Der 2. Weltkrieg" war der Titel des obersten Buch. Sie nahm es in die Hand und entdeckte, dass die Bücher darunter alle ähnliche Themen beinhalteten: „Die Schlacht um Stalingrad", „Die Organisation der Hitlerjugend" und schließlich „Berlin 1940-50".
„Seit wann interessierst du dich für das Dritte Reich und den Weltkrieg?", fragte sie Michael am Abend.
„Ich versuche nur, meinen Vater besser zu verstehen", antwortete er kurz.
„Damit fängst du ja früh an", sagte sie mit ironischem Unterton, „vielleicht hätte es ihm gut getan, wenn ihr beide euch in seinen gesunden Zeiten darüber ausgetauscht hättet."
„Das ist reine Spekulation."
„Natürlich. Aber mich als Mutter würde es sehr freuen, wenn mein erwachsenes Kind sich für die schwierigen Zeiten in meinem Leben interessiert."
„Machst du mir jetzt einen Vorwurf, dass ich mich nicht schon längst mit seinem Leben befasst habe?"
„Um Himmels willen, nein! Besser jetzt als gar nicht. Es könnte dir ja auch in deiner Beziehung zu deiner Mutter helfen."
„Meinst du, mein Verhältnis zu meiner Mutter braucht eine Verbesserung?"
„Ach Michael, manchmal glaube ich, du willst mich mit Absicht missverstehen."
„Nein, ich lege nur deine Worte auf die Goldwaage, wie du es ja auch gerne tust."
„Irgendwie drängt sich bei mir der Eindruck auf, du willst mir damit eine böse Absicht unterstellen. Und deine Art, wie du mir oftmals ironische Fragen stellst, empfinde ich als äußerst provokant."
„Dann lass dich doch nicht provozieren", erwiderte Michael.
„Du hast recht. Aber eines muss ich doch noch loswerden", Elisabeths Stimme wurde lauter, „was ich mir schon seit Stunden

verkniffen habe zu sagen: Es war dir offensichtlich vollkommen egal, dass ich das ganze Wochenende krank war und immer noch nicht wieder auf dem Posten bin. Du hättest dich ja nicht genauso aufopferungsvoll um mich kümmern müssen, wie deine Mutter es mit deinem Vater handhabt, aber ein wenig mehr Anteilnahme und Unterstützung wäre durchaus schön gewesen."

„Und wie sieht es mit deiner Anteilnahme für meine Eltern aus?"

„Einen Vorwurf mit einem weiteren Vorwurf zu beantworten – das bringt uns nicht weiter. Wenn wir nur noch auf diese Weise miteinander kommunizieren, dann können wir es gleich ganz bleiben lassen."

„Guter Vorschlag", sagte Michael nun wirklich wütend, „mir wirfst du provozierendes Verhalten vor, und von dir kommen andauernd spitze, ironische Bemerkungen." Er holte sich seinen Mantel und verließ das Haus.

Später am Abend rief Elisabeth ihre Schwiegermutter an. „Ich hatte noch gar keine Gelegenheit, Michael zu fragen, wie es denn im Moment bei euch aussieht. Wie geht es Herbert? Und vor allem: wie geht es dir?"

„Tja, mit Herbert ist alles beim alten", sagte Hedwig, „aber mir geht es richtig gut, seitdem ich weiß, dass unser Geschäft in gute Hände kommt."

„Ach, habt ihr nun doch einen Nachfolger gefunden?"

„Hat Michael dir etwa nichts von seinen Plänen erzählt?"

„Nein, was denn für Pläne?" Elisabeth spürte, dass sich ihr Magen zusammenzog.

„Na sowas, da hat er endlich einmal eine richtig gute Entscheidung getroffen und weiht dich nicht ein. Er will doch das Reisebüro übernehmen. Und zwar schon zu Beginn des neuen Jahres. Ich bin so beruhigt. Dann habe ich endlich mehr Zeit für Herbert und kann trotzdem ab und zu noch ins Büro fahren. Außerdem kennen ihn die Mitarbeiter alle schon seit

vielen Jahren und werden ihn als Chef sofort akzeptieren. Ein Jurastudium ist ja heutzutage eine sehr gute Voraussetzung für die Reisebranche. Die ist so furchtbar kompliziert geworden, mit all den rechtlichen Bestimmungen, die man kennen und berücksichtigen soll. Und stell dir vor, wie gut das klingt: Reinicke-Reisen, Geschäftsführer Dr. Reinicke. Vielleicht können wir auch noch eine Filiale eröffnen."
Hedwig redete fröhlich weiter, während Elisabeth nur noch einen Gedanken fassen konnte: Wieder einmal hat er etwas entschieden, ohne mit mir darüber zu sprechen. Und außerdem: früher hatte er sich doch immer vehement dagegen gewehrt, mit in das Reisebüro einzusteigen. Schon gleich nach seinem Studium war dies der Wunsch seines Vaters gewesen, aber er hatte damals über den Vorschlag gelacht und dann lieber promoviert. Woher kam jetzt dieser Sinneswandel? Steckte dahinter etwa auch wieder ein schlechtes Gewissen seinem Vater gegenüber?
Als Michael nach Hause kam, lag sie mit offenen Augen im Bett. Sie hörte, dass er ins Schlafzimmer kam, aber anstatt sich neben sie zu legen, nahm er seine Bettdecke und verschwand damit in seinem Arbeitszimmer. Sie kämpfte mit den Tränen, aber brachte es nicht über sich, hinter ihm herzugehen und ihn zur Rede zu stellen. Am darauffolgenden Tag schützte er eine Reihe von Konferenzen und anderen Terminen vor, um ihr aus dem Weg zu gehen. Erst zwei Tage später gelang es ihr, ihn aufzuhalten und um ein Gespräch zu bitten.
„Komm mir jetzt nicht mit Vorwürfen", begann er, „ich weiß, du hast erwartet, dass ich dich in meine Pläne einweihe. Aber in erster Linie geht es jetzt um mein Leben. Und das meiner Eltern."
„Kommen deine Tochter und ich in deinem Leben nicht mehr vor?", fragte sie mit unterdrücktem Zorn."
„So würde ich das nicht sagen. Miriam ist mir nach wie vor wichtig. Aber du brauchst in Zukunft nicht mehr mit nach Ber-

lin zu fahren. Ich habe eine Frau gefunden, die mich besser versteht, wenn ich mich um meine Eltern sorge."
„Wie meinst du das?"
„Genauso, wie ich es sage. Deine Namensvetterin, Schwester Elisabeth und ich…, na ja… wir sind ein Paar."
„Das ist nicht dein Ernst!" Elisabeth schossen die Tränen in die Augen.
„Doch, das ist mein voller Ernst. Du hast doch selbst immer wieder gesagt, dass wir in letzter Zeit dauernd aneinander vorbeireden. Mit Elisabeth ist das nicht der Fall. Wir verstehen uns auch ohne viele Worte. Außerdem nörgelt sie nicht ständig an mir herum."
Elisabeth war, als ob ihr jemand den Boden unter den Füßen weggerissen hätte. Das ist ein Traum, dachte sie, oder sie musste sich verhört haben. „Heißt das, du willst mich verlassen?", fragte sie mit tonloser Stimme.
„Genau das heißt es. Ich bin zu jung, um den Rest meines Lebens mit einer Frau zu verbringen, die ständig mit mir herumdiskutieren will und die wildesten Behauptungen über meine Psyche aufstellt. Und die von mir erwartet, dass mir meine Eltern unwichtig sind."
„Das stimmt doch gar nicht. Deine Eltern sind mir genauso wichtig. Ich hatte dich nur manchmal gebeten, Miriam und mich ebenfalls im Blick zu behalten."
„Was immer du jetzt sagst: es ist zu spät. Ich habe mich für deine Namensvetterin entschieden. Witzig übrigens", er grinste, „dass meine neue Liebe genauso heißt wie meine alte. Da muss ich mich nicht umgewöhnen."
„Dass du jetzt noch Witze reißen kannst!" schrie sie, „das ist mir unverständlich. Du eröffnest mir gerade das Ende unserer Ehe und scherzt auch noch darüber."
Sie fühlte sich zwischen Zorn und Verzweiflung hin- und hergerissen und wusste nicht, wofür sie sich entscheiden sollte. Ihren Zorn herausbrüllen oder in Tränen ausbrechen?

Schreien oder schluchzen? Mit Fäusten auf ihn einschlagen oder sich ihm weinend in die Arme werfen? Ihr Atem ging immer flacher; ihr wurde schwindelig. Schließlich zwang sie sich zur Ruhe und sagte: „Wenn du gerade eine Affäre mit ihr hast und den Eindruck hast, dass du mit ihr zusammen sein möchtest, dann leb das ruhig aus. Ich warte auf dich. Die Hauptsache ist: du weißt, wo du hingehörst, zu Miriam und mir."
„Siehst du, schon wieder stellst du eine irrwitzige Behauptung auf. Das ist keine Affäre für mich, wie du so verächtlich sagst. Wir lieben uns, und vielleicht ziehe ich demnächst zu ihr."
Elisabeth spürte, dass ihr Körper sich zu einem haltlosen Schluchzen entschlossen hatte, aber diese Blöße wollte sie sich nicht geben. „Ich will jetzt nicht mehr weiterreden", presste sie hervor, „das ist mir alles zu grotesk."
Sie verließ fluchtartig das Wohnzimmer und stürzte in ihr Arbeitszimmer. Kaum hatte sie ihr rotes Sofa erreicht, brach es schon aus ihr heraus: ein wildes, unkontrollierbares Schluchzen packte sie und schüttelte sie durch. Das konnte, das durfte doch nicht wahr sein! Michael, ihr Ehemann, in den Armen einer anderen Frau. Und sie – die Sitzengelassene, die Verschmähte? Unfassbar! Eine Welt brach zusammen. Übrig blieb einzig und allein Verzweiflung.
Als allmählich ihr Kopf wieder etwas klarer wurde, tauchten Fragen auf: Wie sollten sie es Miriam sagen, und wie würde sie das verkraften? Und ihre Eltern? In ihrer Familie hatte es noch niemals eine Trennung oder gar Scheidung gegeben. Man blieb als Ehepaar zusammen, auch in schwierigen Zeiten, und arbeitete sich gemeinsam durch die Probleme hindurch. Wie würden ihre Kollegen und Freunde darauf reagieren, und wie würde sie jetzt vor den Leuten dastehen? Eine Anwältin für Familienrecht und dann selbst vorm Scheidungsrichter – das würde sich herumsprechen; man würde darüber reden. Und würde sie das Haus behalten können?
Dazwischen loderte immer wieder ein kleiner Hoffnungsfun-

ken auf. Vielleicht überlegte Michael sich seine Entscheidung ja noch einmal. Sie könnte ihn bitten, gemeinsam eine Eheberatung aufzusuchen. Oder sie könnte Hedwig anrufen und ihr nahelegen, mit Michael zu reden und zu versuchen, ihn umzustimmen. Ihr musste doch auch daran gelegen sein, dass die Ehe ihres Sohnes erhalten blieb. Bei diesen Gedanken wurde sie ruhiger. Ja, es gab Hoffnung; es war noch nicht alles verloren. Es gab noch Möglichkeiten, Michael umzustimmen. Gleich morgen, wenn sie sich etwas kräftiger fühlte, würde sie das angehen, in aller Ruhe, nicht so hysterisch, wie andere Frauen in solch einer Situation reagierten.

Sie verbrachte die Nacht auf ihrem roten Sofa, und wie sie am Morgen feststellte, hatte auch Michael in seinem Arbeitszimmer geschlafen. Ihr Fieber war verschwunden, ihr Schnupfen hielt sich hartnäckig, mit roten Augen und einer ständig laufenden Nase. Beim Frühstück war es fast so wie immer. Sie deckte den Tisch, er kochte Kaffee und scherzte mit Miriam. Zwischendurch gab es Gespräche über die anstehenden Termine des Tages und die Übereinkunft, wer heute Miriam in die Schule bringen und sie wieder abholen würde. Kein Wort von der Auseinandersetzung gestern. Es war, als ob sie nicht stattgefunden hätte. War das Ganze ein Traum gewesen?

Elisabeth war voller Hoffnung, bis zu dem Moment, als Miriam sagte: „Papa, du hast Mama heute noch gar keinen Kuss gegeben, wie du es sonst immer tust, wenn du dich zum Frühstücken hinsetzt."

„Oh, das habe ich wohl heute vergessen", antwortete Michael fröhlich.

„Du kannst es ja jetzt noch nachholen, Papa."

„Weißt du, meine Kleine, manche Dinge kann man nicht mehr nachholen oder wieder gutmachen, auch wenn man noch so gerne möchte", antwortete er geheimnisvoll und sah dabei Elisabeth an. Sie spürte, wie ihr wieder die Tränen kamen und drehte sich schnell zum Kühlschrank um. „Außerdem kann man sich ja auch ohne Küsse gut verstehen", fuhr er fort. Was hieß das? War das eine indirekte Aufforderung an sie, seine Entscheidung zu verstehen und sich gütlich mit ihm zu einigen?

„Stimmt", meinte Miriam, „ich verstehe mich mit meinen Freundinnen ja auch gut, aber ich küsse sie nicht."

„Siehst du. Es gibt Freundschaften, da sind Küsse gar nicht nötig, und man weiß trotzdem, dass man sich gern hat. Und es gibt Freundschaften, da möchte man sich liebsten andauernd küssen. Das nennt man dann Liebe."

„Stimmt nicht, Papa, dich habe ich ganz doll lieb, aber ich gebe dir nur abends vorm Schlafengehen einen Kuss."

„Du bist so klug, meine Lieblingstochter", sagte Michael und strich ihr zärtlich über den Kopf.

Miriam lachte schallend und sagte: „So ein Quatsch, Papa. Wie kann ich denn deine Lieblingstochter sein, wenn du nur eine hast?"

„Stimmt, im Moment bist du meine einzige."

Was sollte das jetzt wieder bedeuten? Plante er etwa mit dieser Krankenschwester schon Nachwuchs? Elisabeth wurde es heiß und kalt.

Es war Zeit zum Aufbruch. Die Schule und die Kanzlei warteten. Allerdings hatte Elisabeth Mühe, sich auf ihre Arbeit zu konzentrieren. Immer wieder schweiften ihre Gedanken ab. Sie musste unbedingt mit Michael noch einmal über alles reden. In der Kanzlei liefen sie sich zwar immer wieder über den Weg, aber in Anwesenheit ihrer Sekretärinnen und von Mandanten war natürlich ein Gespräch unmöglich. Er schwatzte wie immer unbefangen mit den beiden Angestellten, während sie schweigend an ihrem Schreibtisch saß. Irgendwann fragte ihre Sekretärin sie: „Sie sind so blass heute, Frau Reinicke, geht es Ihnen nicht gut?"

„Doch, doch, ich habe nur eine furchtbare Erkältung", gab sie zur Antwort, „aber lieb, dass Sie nachfragen."

Sie machte gegen Mittag Feierabend, holte Miriam ab, fuhr mit ihr beim Supermarkt vorbei und kaufte die Zutaten für eine Boullabaisse, die zu Michaels Lieblingsspeisen gehörte. Als er später das Haus betrat, schnupperte er und sagte: „Aha, ein Bestechungsversuch. Frei nach dem Motto: die Liebe geht durch den Magen. Aber gib dir keine Mühe, Elisabeth, die Liebe ist längst gegangen."
„Aber meine nicht", erwiderte sie, „ich hoffe, dass du dir heute Abend die Zeit nimmst, um mit mir zu reden."
„Sicher, das hatte ich ohnehin vor."

Als Miriam im Bett lag, hörte Elisabeth, wie Michael lange telefonierte, offensichtlich mit seiner neuen Freundin. Er gab sich kaum Mühe, leise zu sprechen. Als das Gespräch beendet war, kam er zu ihr ins Wohnzimmer und meinte: „Jetzt, da du Bescheid weißt, muss ich meine Telefongespräche mit Elisabeth ja nicht mehr heimlich führen."
„Nein, das musst du nicht. Du hast mir ja mehr als deutlich zu verstehen gegeben, dass ich dir nichts mehr bedeute."
„So darfst du das nicht sehen; du bist immer noch die Mutter meiner Tochter, und wir haben zusammen einige sehr schöne Jahre verbracht."
„Du bleibst also bei deinem Entschluss, dich von mir zu trennen?"
„Selbstverständlich. Warum sollte ich über Nacht meine Meinung geändert haben?"
„Und wie denkst du dir die Konsequenzen: unsere Tochter, unsere Kanzlei, unsere Familien?"
„Morgen Abend werden wir es gemeinsam Miriam sagen. In aller Ruhe und hoffentlich ohne hysterische Ausbrüche und Vorwürfe deinerseits."
„Wie kann ich ruhig bleiben, wenn gerade mein ganzes Lebensgebäude zusammenstürzt?"
„Unserer Tochter zuliebe solltest du dich zusammennehmen.

Und wenn wir ihr sachlich und vernünftig erklären, dass sie ja uns beide behält, dass wir nur an unterschiedlichen Orten wohnen werden, dann wird sie auch ganz vernünftig darauf reagieren. Es hängt von dir ab, ob sie sich darüber aufregt oder nicht."

„Das alles ist ein schmerzhafter Einschnitt in ihrem Leben – da kann sie nicht vernünftig bleiben. Wahrscheinlich kann sie im ersten Gespräch sowieso noch nicht überblicken, was das im Einzelnen bedeutet, aber sobald sie anfängt nachzudenken, wird sie genauso erschrocken und verzweifelt sein wie ich."

„Dann wird sie das eben aushalten müssen. Genau wie du."

„Du denkst dir das alles so einfach."

„Elisabeth, glaub doch bloß nicht, dass mir dieser Schritt leicht gefallen ist. Auf meinen vielen Fahrten allein nach Berlin hatte ich reichlich Zeit zum Nachdenken. Ich bin auch traurig, dass ich Miriam in Zukunft nicht mehr so oft sehen kann. Aber ich bitte dich und sie, meinen Entschluss zu respektieren. Ich gehöre jetzt zu der anderen Elisabeth, weil wir uns lieben. Liebe kann man nicht mit Gewalt unterdrücken. Sie ist stärker als alle Vernunft."

Elisabeth begann zu schluchzen: „Ich begreife das alles nicht", stieß sie hervor, „was hat sie so Besonderes? Was hat dir bei mir gefehlt?"

„Da könnte ich dir jetzt vieles nennen, aber ich will dich damit nicht auch noch belasten. So, und jetzt lass uns alles weitere auf morgen verschieben. Ich will meine Mutter anrufen."

Damit verließ er das Zimmer. Elisabeth blieb noch einen Moment fassungslos sitzen. Dann rannte sie nach oben. Nur noch die Decke über den Kopf ziehen, dachte sie, nichts mehr hören und nichts mehr sehen; nur noch schlafen, und wenn ich aufwache, ist alles wieder so wie früher.

Im Schlafzimmer fiel ihr Blick in den Spiegel. Oh Gott, wie sehe ich aus, dachte sie, kein Wunder, dass Michael eine andere Frau attraktiver findet als mich. Ihre Augen waren geschwollen, ihre

Nase rot vom Weinen. Ihre Hände, mit denen sie sich das Haar aus dem Gesicht strich, zitterten. Aber mit einem Male sah sie nicht mehr nur noch sich selbst sondern auch die blinden Flecken im Spiegelglas, und ihre Gedanken begannen zu kreisen.

Habe ich vielleicht auch blinde Flecken?, dachte sie. Gab es Dinge in unserem Zusammenleben, die ich nicht sehen wollte? Oder sogar blinde Flecken bei mir selbst? Ich habe Miriam erklärt, dass man sich vor einem Spiegel bewegen muss, damit sich die blinden Flecke verschieben und man nicht den Eindruck hat, sie würden auf einem selbst haften. Habe ich mich denn in letzter Zeit überhaupt noch bewegt? War ich vielleicht innerlich viel zu festgelegt auf meine Anschauungen? Ich habe Mutmaßungen über die Alzheimer-Krankheit geäußert, habe Michaels Verhalten analysiert und mir Theorien über die verdrängten Traumata seiner Eltern zurechtgelegt. Aber wo kam ich selbst darin vor? Was verdränge ich, weil ich es nicht sehen mag? Weil es vielleicht auch zu schmerzhaft ist? Ich habe mich in letzter Zeit viel über Michael beklagt, über seinen Wunsch nach mehr Nähe zu seinen Eltern, und habe das oftmals so formuliert, dass er es als Vorwurf empfunden haben muss. Hätte ich nicht viel mehr Verständnis für ihn aufbringen müssen? Ich hätte ihm sagen können: du bist ein wunderbarer Mann, weil du so viel Verantwortung für deine Eltern übernimmst, und ich bin dankbar, dass ich dein Leben mit dir teilen darf. Warum habe ich das nicht gesagt? Ich hätte, ohne zu zögern, sagen sollen: natürlich gehen wir nach Berlin; deine Eltern sind es uns wert. Leben kann man überall; die Hauptsache ist doch, man hält zusammen. Von meiner eigenen Tochter hätte ich mir das im Alter sicher auch gewünscht, so ein bedingungsloses für mich da sein. Hätte ich das alles doch viel früher begriffen! Oh Gott, jetzt ist es zu spät!

Sie starrte immer noch in den Spiegel und grübelte: Alte Gegenstände wie dieser Spiegel und der singende Schrank sind mir so viel wert, dass ich sie bei jedem Umzug mitschleppe. Aber meinen Mann, der nach Miriam wichtigste Mensch in meinem Leben, dem habe ich viel zu wenig Aufmerksamkeit geschenkt.

Am liebsten hätte sie jetzt den Spiegel aus dem Fenster geworfen, aber sie wusste: ihr Zorn und ihre Enttäuschung galten ihr selbst, nicht dem Spiegel und im Grunde auch nicht Michael.

Dezember 1985

„Mama, wie soll Papa denn mein Weihnachtsgeschenk bekommen? Er ist doch so weit weg?", fragte Miriam.
„Wir können ihm ein Päckchen mit deinem Geschenk schicken", antwortete Elisabeth, „und für Oma und Opa können wir auch Geschenke einpacken."
„Ich habe für Papa einen Weihnachtsmann gebastelt. Was schenkst du ihm denn?"
Ein Fass voller Traurigkeit, dachte sie, und laut sagte sie: „Ich habe doch am ersten Advent einige Fotos von dir gemacht, wie du so hübsch in den Adventskranz guckst; davon will ich ihm einige Abzüge schicken. Solche Bilder mit dem Adventskranz auf dem Tisch gab es früher auch immer von Tante Agnes und mir, als wir Kinder waren. Jedes Jahr wieder, so konnte man immer sehen, wie wir gewachsen waren."
„Schade, dass Papa zu Weihnachten nicht kommen will. Er kann doch meinetwegen die andere Elisabeth mitbringen, damit wir alle zusammen Weihnachten feiern können."
„Er hat den Eindruck, dass zwei Elisabeths nicht zusammenpassen. Aber was hältst du davon, wenn wir über die Feiertage zu deinen anderen Großeltern, zu Omi und Opi fahren? Oder wollen wir sie lieber hierher einladen?"
„Au ja, lieber hierher. Unser Haus ist viel größer als das von Omi und Opi, vor allem das Wohnzimmer. Bei uns passt ein

größerer Weihnachtsbaum rein und auch viel mehr Geschenke."
„Dann ruf du sie doch gleich einmal an und lade sie ein. Agnes und Roland könntest du auch fragen, ob sie kommen wollen. Dann sind wir über Weihnachten eine richtig große Familie."
Und ich komme nicht auf trübsinnige Gedanken, dachte sie.
Miriam lief begeistert zum Telefon. „Alle wollen kommen", berichtete sie nach einer Weile, „und alle haben mich gefragt, was ich mir zu Weihnachten wünsche. Am liebsten möchte ich Papa zu Hause haben, hätte ich beinahe gesagt, aber ich weiß ja, dass das nicht geht. Darum habe ich zu Tante Agnes gesagt, in diesem Jahr möchte ich endlich ein Pony haben. Und zu Omi habe ich gesagt, ich wünsche mir einen Hund."
„Findest du nicht, dass das viel zu große Wünsche sind?"
„Nö", sagte Miriam, „jedenfalls längst nicht so groß wie mein Wunsch, dass Papa zurückkommt. Eigentlich sind es doch ganz kleine Wünsche." Sie strahlte ihre Mutter an in der Hoffnung, dass sie sich mit einem Pony und einem Hund einverstanden erklären würde.
Aber die schmunzelte nur: „Du bist mal wieder ganz schön raffiniert."
Am Abend rief sie selbst noch einmal bei ihren Eltern und bei Agnes an, um sich zu vergewissern, dass tatsächlich alle kommen wollten. Ihre Mutter fragte: „Wie verkraftet Miriam denn jetzt eure Situation?"
„Das ist schwer zu sagen. Sie spricht nur wenig über Michael. Manchmal ist sie sehr in sich gekehrt, an anderen Tagen so ausgelassen wie früher. Wahrscheinlich ist noch alles viel zu ungewohnt für sie. Auch an ihre neue Kinderfrau muss sie sich erst noch gewöhnen, obwohl die wirklich nett ist."
„Und wie geht es dir, Lieschen?"
„Wenn ich ehrlich sein soll: gar nicht gut. Ich schwanke zwischen Verzweiflung und Wut auf Michael, dass er uns das angetan hat. Warum hat er nicht noch den Versuch unternommen,

mit Hilfe einer Eheberatung unsere Beziehung zu retten? Ich hatte ihn so sehr darum gebeten, aber er meinte immer nur, dafür sei es jetzt zu spät."
„Das ist jetzt eine schlimme Zeit für dich, aber glaub mir, du wirst da durchkommen. Vielleicht mit einigen Blessuren, aber lebend. Unsere Generation hat ganz anderes überwunden."
„Lebend, ja. Aber wenn ich Miriam nicht hätte, dann hätte ich mir vermutlich längst etwas angetan."
„Ist es das wert, dass du dein Leben opferst?"
„Nein, wahrscheinlich nicht. Aber es tut alles unglaublich weh."
„Das glaube ich dir. Und deshalb kommen dein Vater und ich auch schon am vierten Advent und helfen dir bei den Vorbereitungen auf Weihnachten. Er freut sich schon, dass er endlich einmal wieder einen Tannenbaum aussuchen und schmücken kann. Für uns beide hat er es ja in den letzten Jahren nicht mehr getan, weil er meinte, für alte Leute wie uns lohnt es sich nicht. Aber ich glaube, er hatte keine Lust auf die mühsame Arbeit. Du weißt ja, seit seinem Schlaganfall scheut er Anstrengungen, aber für dich und Miriam ist er bereit, diese Mühe noch einmal auf sich zu nehmen. Ich werde übrigens einen kleinen Hausputz für dich veranstalten, und Agnes hat zugesagt, die Einkäufe zu übernehmen. Höre ich dich etwa gerade weinen?"
„Ja, aber diesmal aus Dankbarkeit."
Auch Agnes fand es eine wundervolle Idee, Weihnachten gemeinsam in Hamburg zu feiern. Sie und Roland reisten ebenfalls am Sonntag vor dem Heiligen Abend mit einem Kofferraum voller Geschenke an. „Lieschen, du siehst gar nicht gut aus", sagte sie zur Begrüßung mit entwaffnender Ehrlichkeit, „ich sollte dir einen Gutschein für eine Gesichtsbehandlung schenken, inklusive Gurkenmaske. Und eine Zehnerpackung Pizza, damit du wieder etwas Fett auf die Rippen bekommst. Um die Küche musst du dich in diesen Tagen übrigens nicht kümmern; das Einkaufen und Kochen übernehmen Roland und ich. Du kannst dich, wenn du willst, in den nächsten Tagen

voll und ganz deinem Beruf widmen. Wie läuft es denn zurzeit damit?"

„Im Moment habe ich noch genug Fälle abzuarbeiten. Einige von Michaels Fällen musste ich ja übernehmen. Aber wie es im neuen Jahr wird, weiß ich nicht. Wer geht denn schon zu einer Anwältin für Familienrecht, die selber von ihrem Mann verlassen wurde und in Scheidung lebt?"

„Du wirst sehen, zu dir werden lauter Frauen kommen, die eine Anwältin wie dich für ihren Scheidungsprozess brauchen, weil sie wissen, dass du dich bestens in ihre Lage hineinversetzen kannst. Du wirst dich vor Mandantinnen nicht retten können."

„Glaubst du das wirklich?"

„Das glaube ich nicht nur, das weiß ich", sagte Agnes im Brustton der Überzeugung.

„Mama, bekommst du denn gar keine Geschenke?", fragte Miriam am Heiligen Abend, „hier liegen lauter große Pakete mit meinem Namen darauf, aber für dich sind gar keine da. Nur ein paar komische Briefumschläge."

„Ein Geschenk muss ja nicht in einem Riesenkarton stecken und kann dennoch groß und wertvoll sein", sagte Agnes, „schau doch mal in einen Umschlag hinein, Lieschen." Der erste enthielt zu Elisabeths Freude eine Klappkarte mit der Aufschrift „Gutschein", und im Inneren der Karte stand in der schönsten Schrift ihres Vaters: „Hiermit schenken wir dir eine Reise an einen von dir gewählten Ort. Bezahlen musst du die Reise selbst, aber wir kümmern uns in der Zeit um deine Tochter. Und nicht vor drei Wochen wiederkommen!"

Im zweiten Umschlag fand sich ein Weihnachtsgruß von Michaels Eltern, geschrieben von Hedwig, ebenfalls verbunden mit einem Gutschein und zwar über einen Flug von Hamburg nach Berlin für eine Erwachsene und ein Kind. „Damit ihr uns hoffentlich bald einmal wieder besuchen kommt", hieß es in der Karte, „Michael möchte euch auch im neuen Jahr gerne wiedersehen. Er lässt euch herzlich grüßen, vor allem auch dich, Elisabeth."

Elisabeth wischte sich verstohlen eine kleine Träne aus dem Auge. Vielleicht gab es doch noch Hoffnung für ihre Beziehung zu Michael?

Der dritte Umschlag schließlich stammte von Agnes und enthielt ebenfalls eine Einladung. Sie lautete: „Urlaub während der Osterferien – mit Kind und Kegel – aber ohne Männer – in Dänemark".

„Mit Kind, das verstehe ich ja", sagte Miriam, „das Kind bin bestimmt ich. Und ich wollte ja längst schon einmal wieder nach Dänemark. Aber wer ist denn Kegel?"

„Ich natürlich", rief Agnes, „guck mich doch an, wie rund ich in letzter Zeit geworden bin."

„Kann man mit dir denn auch kegeln?", fragte Miriam.

„Das werden wir gleich einmal ausprobieren", rief Elisabeth, stürzte sich auf ihre Schwester, warf sie zu Boden, und gemeinsam kugelten sie über den Teppich Richtung Weihnachtsbaum. Roland griff zum Fotoapparat und hielt die Szene fest: zwei lachende Frauen unter dem Christbaum, zwischen ihnen ein strahlendes Kind, das sich an die beiden Schwestern schmiegte.